Herbert Hintner

Handbuch
Genuss

Herbert Hintner

Handbuch Genuss

Tipps vom Meisterkoch für den Alltag

Aufgezeichnet von Sonja Franzke
und Kathrin Kötz

Mit Fotos von Frieder Blickle
und Zeichnungen von Paul Thuile

Folio Verlag

Bitte keine Langeweile

Für viele wirkt die Sterneküche abgehoben und fremd, wie eine in sich geschlossene Welt. Damit hat meine Küche nichts zu tun. Meine Herkunft, meine Familie, die Tradition, in die ich hineingeboren bin, und mein Werdegang sind wesentliche und prägende Bestandteile meiner Küche und jedes Gerichts, das ich serviere.

Als ich in den 1960er-Jahren in ländlicher Umgebung aufwuchs, gehörten Suppenwürfel, Maggi-Flascherl und Dosenfleisch fix zu unseren Kochzutaten. In meinen Lehrjahren und auch danach habe ich dann in wenig fantasievollen Häusern qualitativ einwandfreie Gerichte zubereitet. Solch eine Küche gibt es überall und sie hat ihre Freunde. Mit mir und meiner Vorstellung vom Berufsleben und von Kreativität hatte und hat diese Art des Kochens aber bald nichts mehr zu tun. Erst der Kontakt mit der gehobenen Küche Ende der 1970er-Jahre im Hotel Klosterbräu in Seefeld hat in mir eine Lust und eine Neugier geweckt, die mich mittlerweile seit Jahren fesselt. Mein Weg weg aus der einfachen Gasthausküche meiner Schwiegereltern zur feinen Sterneküche, die mir ermöglicht, in meinem eigenen Stil neue Geschmackskombinationen zu finden oder vielmehr bekannte Geschmacksvarianten zu verfeinern, war aber weder geradlinig noch ohne Irrungen. Vieles habe ich versucht, verworfen und neu begonnen. Ohne meine beste Mitstreiterin, meine Frau Margot, wäre dieser Weg oft sehr einsam gewesen. So aber konnte eine Faszination entstehen, die es möglich machte, dass unser Restaurant „Zur Rose" in Eppan seit 17 Jahren mit einem Michelin-Stern ausgezeichnet ist.

Auch jeder Hobbykoch und jede Hobbyköchin geht einen Weg des Forschens, Suchens und Probierens, indem er oder sie unterschiedliche Kochkurse besucht, verschiedenste Kochbücher studiert und neue Lokale testet. Letztlich definieren aber dann doch der persönliche Geschmack und die persönliche Interpretation das eigene Verständnis von Genuss. Meinen Freunden und Gästen ein unvergessliches Genusserlebnis zu bereiten, ist für mich täglicher Antrieb, mich in die Küche zu stellen, aber auch, dieses Buch vorzulegen. Indem ich Ihnen bewusst mache, was ich unter Genuss verstehe, wo er beginnt, wie ich ihn intensiviere, wie ich bleibende Eindrücke schaffe und mich und meine Gäste vor Eintönigkeit bewahre, möchte ich Sie bei Ihren ersten Schritten hin zu Ihrer persönlichen Genussformel begleiten.

*Man braucht nur einen respektvollen und bewussten Umgang mit Aromen, Texturen, Herkunft und Zusammensetzung von Produkten.

Vermeidbare Stolpersteine

Sicherlich kennen Sie diese Bücher, in denen Kochprofis mit Anleitungen und Anregungen ein Kochen auf Haubenniveau in der Haushaltsküche versprechen. Das scheint oft wie das Vereinen von zwei Welten: hier die mit Hightech ausgestattete Atmosphäre von Stationen, in denen jeder nur einen kleinen Teil zum Entstehungsprozess beisteuert, da die tapfere Einzelkämpferin oder der ambitionierte Einzelkämpfer, die oder der auf wenigen Quadratmetern zwischen einem Berg von Geschirr und seitenlangen Anleitungen versucht, wundervolle Kreationen auf Teller zu zaubern.

Ich glaube, dass es zur feinen Zubereitung und für das gehobene Servieren von frisch Gekochtem vor allem einen respektvollen Umgang mit Produkten und Lebensmitteln braucht und vielleicht ein paar Tipps zum bewussteren Einsatz von Aromen, Texturen sowie zu Herkunft und Zusammensetzung von Produkten. Ich beobachte immer wieder bei Genussmenschen, dass sie sich großem Druck aussetzen, um etwas Besonderes zuzubereiten, und dabei das Gute und Nahe übersehen. Hier eine kleine Zusammenstellung meiner Beobachtungen, vielleicht ist auch für Sie die eine oder andere Anregung dabei, um noch mehr Vergnügen am herrlichen, fantasieanregenden und kreativen Arbeiten mit Lebensmitteln und Rezepten zu bekommen.

Kochen mit allen Sinnen schult die Geschmacksnerven

Mit dem Handbuch Genuss möchte ich Sie dazu anregen, Ihren eigenen Kochstil zu entwickeln und eigene Geschmackskreationen zu schaffen. Man kann einen bewussten Umgang mit Produkten üben und vertiefen.

Stellvertretend stelle ich hier nur einige in meiner Heimat Südtirol und für meine alpin-mediterrane Küche wichtige Produkte vor. Natürlich ist es außerdem so, dass jedes Kochbuch nur von allgemeinen Eigenschaften eines Lebensmittels ausgehen kann und nicht auf die individuelle Beschaffenheit des Produkts, das Sie verarbeiten möchten, Bezug nimmt.

Ich möchte Sie zu einem wachen, aber angstfreien Verhältnis zu Ihren Kochzutaten anregen. Das bedeutet, nicht nur bewusst zu riechen und zu kosten, sondern auch genau zu schauen und zu tasten. Man kann vom rohen Produkt probieren, um einschätzen zu lernen, wie es auf Gewürze und andere Lebensmittel in seinem individuellen Geschmack reagieren wird. Schon beim Kauf und bei der Auswahl sollte man die Optik auf dem Teller im Hinterkopf haben und Reife und Lagerfähigkeit richtig beurteilen, um gezielt planen zu können. Genauso ist es beim

Kochen und Verarbeiten: auf seine Augen und Nase hören. Oft ist es wichtig, dass Gemüse beim Anbraten und Erwärmen seine Farbe behält, so bleibt es nicht nur knackig, es bewahrt auch seine Aromen. Die Zeitangaben in Kochbüchern sind stets zu hinterfragen, hängen sie doch von Herden und Töpfen ab. Wenn man eine gute Nase für die richtige Entfaltung von Aromen entwickelt, spart man sich einiges an technischem Zubehör.

Eine weitere wichtige persönliche Ausstattung sind die eigenen Fingerspitzen. Dieses Gefühl braucht man allerdings nicht nur für die richtige Würzmenge beim Salz, man bekommt auch beim Kochen mit etwas Übung wertvolle Informationen über den Garzustand eines Gerichts. Oft scheint es, dass Kochprofis mit Teflonfingern auf die Welt gekommen sind, aber beim Anfassen spürt man einfach besser, ob ein Reiskorn dem Risotto noch Biss verleiht, als es ein Blick auf die Uhr vermitteln kann: Also ein bisschen überwinden und nur kurz berühren.

All diese Anregungen kann man natürlich nur mit Übung schulen. Selbst wenn Sie anfänglich enttäuscht sind: Je öfter man die persönlichen Eindrücke kombiniert, desto schärfer wird der Geschmackssinn.

Je öfter man persönliche
Eindrücke kombiniert,
desto schärfer wird der
eigene Geschmackssinn.

Vitale Küche führt zu frischem Genuss

Kennen Sie das? Gerade wenn sehr viel
Mühe in der Zubereitung eines Gerichts
steckt, hat man bisweilen den Eindruck,
etwas Fahles, Langweiliges auf dem Löffel
zu haben. Deshalb finde ich es spannend,
in die Tiefe des Geschmacks zu gehen,
beispielsweise durch das Wechselspiel
zwischen roh und gekocht, kalt und warm
oder cremig und fest. Es sind diese Gegensätze, die ich suche und die neuen Pfiff in
Bekanntes bringen. Wenn Sie Gemüse
servieren, kombinieren Sie es mit einer
anderen Textur des Gemüses: Bringen Sie
es in ungekochtem, gebratenem und vielleicht cremigem Zustand auf den Teller,
so erhalten Sie eine besondere Aroma-
tiefe. Möchte man beispielsweise ein
intensives Apfeldessert, kocht man aus
dem Saft und den geschälten Spalten ein
feines Mus, dreht dann aus einem weiteren
rohen Apfel mithilfe der Maschine Spaghetti (siehe Seite 25), schmückt diese mit
getrockneten Äpfeln und bestreut sie mit
feinen Apfelschalen-Zesten. Versuchen
Sie das ruhig auch mit anderen Produkten:
ein paar Blätter von der Rübe wie Kraut
hacken, etwas Zitronen-Zesten zum Sorbet
oder Sud aus Blumenkohlblättern geliert
als Schmuck zu Salat – bisweilen ein klei-
ner Aromatupfer, aber mit großem Effekt.

*Auf der Suche
nach Geschmackstiefe:
Gegensätze erzeugen
Spannung.

Regionale Nähe von Nischenprodukten gibt Ihrer Küche den besonderen Touch

Kochbücher von Sterneköchen entmutigen uns oft aufgrund exotischer Zutaten, die man meist nur in homöopathischen Dosen benötigt. Viele Hobbyköche glauben, dadurch das Besondere in ihre Küche zaubern zu können. Dabei finde ich gerade das Gegenteil viel spannender: Wenn Sie bekannte Produkte oder Geschmäcker durch neue Zubereitungsarten in ungeahnte Gerichte verwandeln oder wenn Sie neue Verpackungen für Klassiker schaffen, rufen Sie weit größere Bewunderung und höheres Vergnügen bei Ihren Gästen hervor, als wenn Sie einen unbekannten Geschmack servieren. Dabei kann man sehr gut auf die Jahreszeit und die Produkte der Region eingehen und sich deren Reife geschmacklich zunutze machen. Eine simple, aber sich immer wieder vor Augen zu führende Weisheit: Je kürzer der Weg der Zutat, desto besser ist die Qualität. Natürlich ist saisonal, regional und authentisch gerade sehr modern, aber der Anspruch, nur Lebensmittel mit einer Kilometer-null-Bilanz zu verarbeiten, ist in der Sterneküche im Alltag nicht durchzuhalten. Die Saison ist gerade in den Alpen recht kurz, weshalb ich gezwungen bin, alles zu versuchen, was geht.

Hier sehe ich auch eine deutliche Schwelle für die Privatküche. Wir Profis können uns beim Konservieren mit einem Schockfroster helfen, der die Aromen einmalig konserviert, im Gegensatz zu den im Haushalt gebräuchlichen Tiefkühlern. Durch das langsame Einfrieren und Auftauen geht unheimlich viel Aroma verloren. Wenn es denn gar nicht anders geht, sollte man das Tiefkühlgut vor dem Einfrieren schon so vorbereiten, wie man es später verarbeiten will. Wenn man es nämlich angetaut in der richtigen Größe in die Pfanne legt, rettet man doch etwas vom Aroma. Sehr gut gelingt das Verarbeiten von tiefgekühlten, küchenfertig vorbereiteten Produkten bei Pilzen oder Bries. Natürlich ist unser Körper im Sommer auf die Tomate eingestellt, so gut wie im August schmeckt und tut sie uns das ganze restliche Jahr nicht mehr. Wenn man eine gute Ernte hat, sollte man unbedingt ein Sugo oder ein Kompott machen. Dann hat man ein tolles Produkt für den Winter, denn was Sie selbst machen, dazu haben Sie einen ganz anderen Bezug und eine ganz persönliche Verbundenheit. So können Sie eine besondere Wertigkeit des Genusses vermitteln. Im Sommer ist vieles leicht, aber man möchte ja das ganze Jahr über seine Gäste verwöhnen können. Im Zweifel bin ich immer als erstes auf der Seite des Geschmacks.

*Im Zweifel bin ich
immer als erstes
auf der Seite des
Geschmacks.

*Sie müssen sich nur trauen:
Jede Textur hat einen
besonderen optischen Reiz.

Weniger ist oft mehr

Natürlich möchte man, dass seine Gäste zufrieden und gesättigt nach Hause gehen. Deshalb hat so manche Gastgeberin und so mancher Gastgeber Sorge, genug vorbereitet zu haben. Aus der Restaurantküche wissen wir, je genauer und mit je mehr Sorgfalt die Teller angerichtet sind, desto stärker konzentriert sich der Gast auf Gericht und Komposition. Natürlich muss nicht jede hervorragende Köchin, jeder herausragende Koch die Fähigkeit zur aufwendigen Dekoration besitzen. Aber oft braucht es nur ein paar kleine Anregungen, um die Aufmerksamkeit mehr auf die Zusammenstellung der Zutaten und Aromen zu lenken. Aus diesem Grund habe ich meine Zubereitungstipps auch um Anregungen für meine Art des Mise-en-Place erweitert. Sie müssen auch nicht jeden Gang gleich zeitraubend dekorieren, aber manches lässt sich gut vorbereiten. Sie finden dazu auch im nächsten Kapitel ein paar nützliche Helferlein, die Ihnen beim Anrichten manchen Kummer ersparen können. Auch hier gilt: Versuchen Sie es, Sie müssen sich nur trauen. Mit jeder Textur kommen Sie auf neue Ideen.

Timing ist nicht alles

Oberstes Prinzip sollte auf jeden Fall sein, dass Sie sich durch eine Einladung nicht stressen lassen. Denn wenn Sie Kompliziertes unter Stress machen, gelingt es Ihnen sicher schlechter als mit Konzentration und Ruhe. Die Zeitplanung beginnt schon bei der Menügestaltung. Machen Sie ein Menü, bei dem Sie nicht alles auf den letzten Drücker finalisieren. Sie wissen, dass Ihre Gäste meist im Unterzucker bei Ihnen ankommen: Bereiten Sie schon einen Gruß aus der Küche vor.

Die meisten Restaurants lösen das Problem durch den Brotkorb, der oft bewirkt, dass am Ende eines Menüs kaum noch Platz für ein Dessert bleibt.
Der große Unterschied zwischen der Profi- und der Privatküche ist aber, dass Hobbyköche und -köchinnen meist alles in einer Person verkörpern: Soßenkoch, Beilagenkoch, Zuständiger für die kalte Küche, Küchenkonditor und möglicherweise noch Service. Wie man weiß, ist so ein Profiteam zumeist mehrere Stunden im Einsatz, damit man bei einem Restaurantbesuch nicht stundenlang auf sein frisches Essen warten muss. Um sich das Vergnügen an einem schönen Essen für die lieben

Waches Kochen bedeutet, bewusst zu riechen und zu kosten, genau zu schauen und zu tasten.

Gäste zu bewahren, ist es hilfreich, die Planungsschritte bei den Profis abzuschauen. Das bedeutet, so viel wie möglich vorzubereiten. Wenn die Gäste also „erstversorgt" sind, können Sie sich die Zeit zum fertigen Anrichten des Vorspeisentellers nehmen. Praktisch ist, dafür schon die Teller aufzustellen und alles Beiwerk in Griffnähe angerichtet zu haben. Wenn man sich für die Vorspeise noch sehr viel Mühe bei der Gestaltung genommen hat, ist es entkrampfend, beim nächsten Gang ein bisschen herunterzufahren, vielleicht ein Nudelgericht zu reichen, das sich gut im Kühlschrank aufbewahren lässt, ohne dass der Pasta-Teig trocken wird oder die Fülle weiterarbeitet (Achtung, nicht zu flüssige Fülle verwenden!). Für den Hauptgang wähle ich dann vielleicht ein länger geschmortes Gericht, dem ich mich in der Zwischenzeit nicht mehr widmen muss. Damit aber die Kunstfertigkeit nicht komplett unter den Tisch fällt, könnte man ja den Gästen fürs Dessert ein bisschen Zeit gönnen und dabei seine Kreativität wieder ausleben.

Fein schneiden, fein servieren

Ich kann nicht oft genug betonen, wie sehr ich bäuerliches, rustikales Essen schätze und wie viele Anregungen ich aus diesen Wurzeln in meine Küche übernommen habe. Für die meisten von uns entspricht ihr Anspruch, möglichst nahrhaft und schmackhaft saisonale bzw. gelagerte Produkte zu verarbeiten, aber nicht mehr den tatsächlichen Lebensgewohnheiten. Die geschmacklichen Komponenten, die sich aus dieser Reife und der deftigen Kochweise zusammensetzen, suchen wir aber immer noch. Um einem Gericht einen feinen Geschmack zu verleihen, ist oft nur der etwas zeitaufwendigere und mehr Geduld verlangende Zugang beim Zubereiten hilfreich. Also beispielsweise das nochmalige Sieben eines passierten Pürees, das Julienne-Schneiden von Gemüse oder das Schneiden statt Hacken von Kräutern – all diese Schritte erfordern etwas mehr Geduld von Koch und Köchin, sind aber dann in der Feinheit des Geschmacks und der Beschaffenheit der Gerichte deutlich zu bemerken.

Fett ist ein Geschmacksträger, viel Fett ein Geschmackstöter

Der richtige Umgang mit Ölen und Fetten will gelernt sein, um damit die Gerichte in der Entfaltung zu unterstützen und nicht zu ertränken. Wir alle wissen, dass Fett ein unverzichtbarer Geschmacksträger ist, aber im Zweifel justiere ich lieber erst beim Anrichten nach. Das bedeutet: Sparen Sie lieber in der Zubereitung, achten Sie darauf, dass Ihre Speisen möglichst wenig Fett aufsaugen (etwa mit dem Abtropfen von Paniertem auf Küchenpapier, der vorangehenden Kühlung von Obst oder Gemüse, das Sie in Teig tunken möchten, um es herauszubacken, oder der Beimengung von Polentamehl in Krapfenteig). Ich verleihe meinen Speisen eine feine mediterrane Note, indem ich sie zum Abschluss beim Anrichten noch mit etwas Olivenöl beträufle.

Heiß serviert,
muss nicht heiß gekocht sein

Knackig und erfrischend kommen manche Gerichte dann auf den Teller, wenn man die Wärme des Küchenherdes oder der Kochplatte nicht unbedingt die ganze Arbeit machen lässt. Was ich damit meine, ist, dass man durch die Restwärme des Topfes oder eines anderen Teiles des Gerichts manche Beigabe erwärmen kann und dadurch ihr Aroma genau im richtigen Grad beisteuert. Wenn Sie beispielsweise Nudeln anrichten, kommen diese mit ca. 60 °C auf den Teller, wenn Sie dann Trüffel darüberhobeln und dieser sich durch die Nudeln erwärmt, entfaltet er sein Aroma optimal. Auch Speck erwärmt man auf diese Weise am besten.

Eine Mode in der Sterneküche, der ich mich gar nicht anschließen kann, ist das Servieren von lauwarmen Gerichten. Das langweilt mich beim Essen. Ich bin der festen Überzeugung, dass Spannung durch Gegensätze entsteht. Also durch Kombination von roh und gekocht oder heiß und kalt, damit lässt sich beim Menügestalten und Anrichten sehr gut spielen und es erhöht den Geschmacksmoment enorm.

Hier möchte ich Ihnen einzelne Werkzeuge empfehlen, mit deren Hilfe Sie durch kleine Tricks auch zu Hause ein Haubenflair erzeugen können und die vermutlich nicht in der normalen Haushaltsküche vertreten sind.

Haarsieb

Ein Haarsieb ist ein praktischer Begleiter, um Püriertes und Cremiges feiner zu verarbeiten. Besonders gut können Sie mit den sehr engmaschigen Netzsieben arbeiten.

Vom Backen wissen wir, dass durch mehrmaliges Sieben von Mehl und Backpulver Luft in den Teig gelangt und Gebackenem so zu einer leichten, luftigen Konsistenz verhilft. Diese Erkenntnis kann man auch in anderen Bereichen nutzen.

Kaufen Sie einen stabilen Ring, der alleine steht und durch den Sie mit einer Teigkarte durcharbeiten können. Ich ziehe beispielsweise Ricotta durch, damit sie sich leichter mit Spinat verarbeiten lässt. Ein Parfait wird fein, wenn man es nach dem Pürieren des Fleisches mit den Kräutern nochmals durch das Sieb zieht.

Dessert- oder Vorspeisenring

Meine Küche verlangt nicht viel Aufwand, ich bin ein Verfechter einer ehrlichen Küche. Mit diesem kleinen Metallring aber macht man sich das Leben viel leichter. Mit einem Dessert- oder Vorspeisenring lässt sich vieles zentriert und kompakt anrichten, etwa Tartar, Risotto, Gemüsebegleiter. Das Ausschmücken mit Garnituren gelingt dann im Handumdrehen.

Japanische Gemüsespaghettimaschine

Auch ein außergewöhnliches Gerät möchte ich empfehlen. Mithilfe dieser Maschine, die ein Mittelding zwischen Reibe und Apfelschäler ist und die Sie im Haushaltswaren-Laden oder im Internet bekommen, lassen sich sehr gut rohe, kompakte Obst- und Gemüse ungewohnt einsetzen bzw. verarbeiten, etwa Apfel- oder Kartoffelspaghetti. Auch Rösti bereite ich mit diesem Gerät zu und bekomme so originelle Nestchen, auf denen ich Gemüse oder Fleisch anrichte.

Nudelgitarre

Dieses sehr alte Gerät aus den Abruzzen ist sehr praktisch, um zuhause breite Nudel oder Spaghetti zu erzeugen. Eigentlich ist es nur ein Holzkasten, über den Drähte gespannt sind, durch die man hauchdünne Nudelblätter dreht. Mit wenig Aufwand bekommen Sie einen besonderen hausgemachten Geschmack.

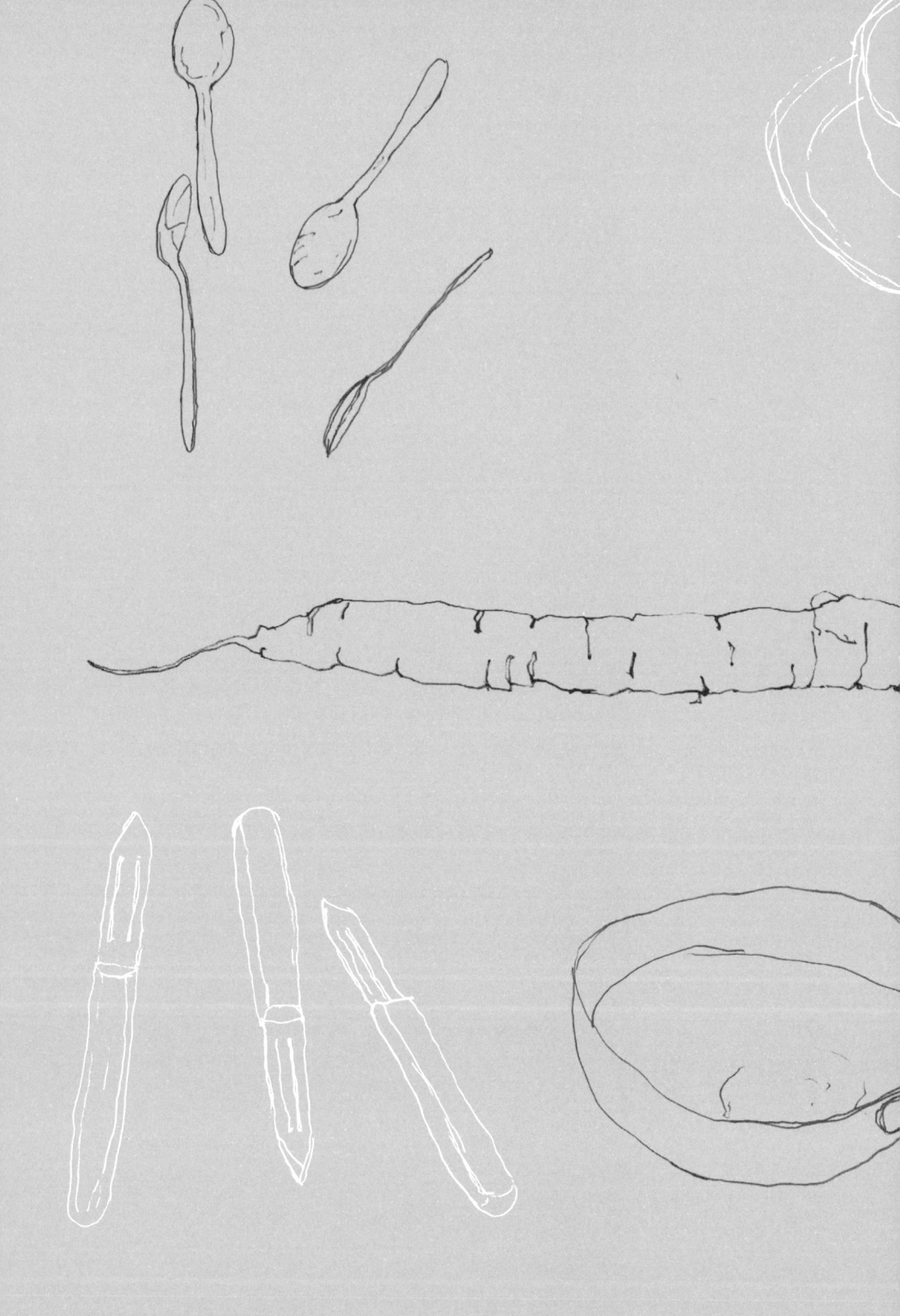

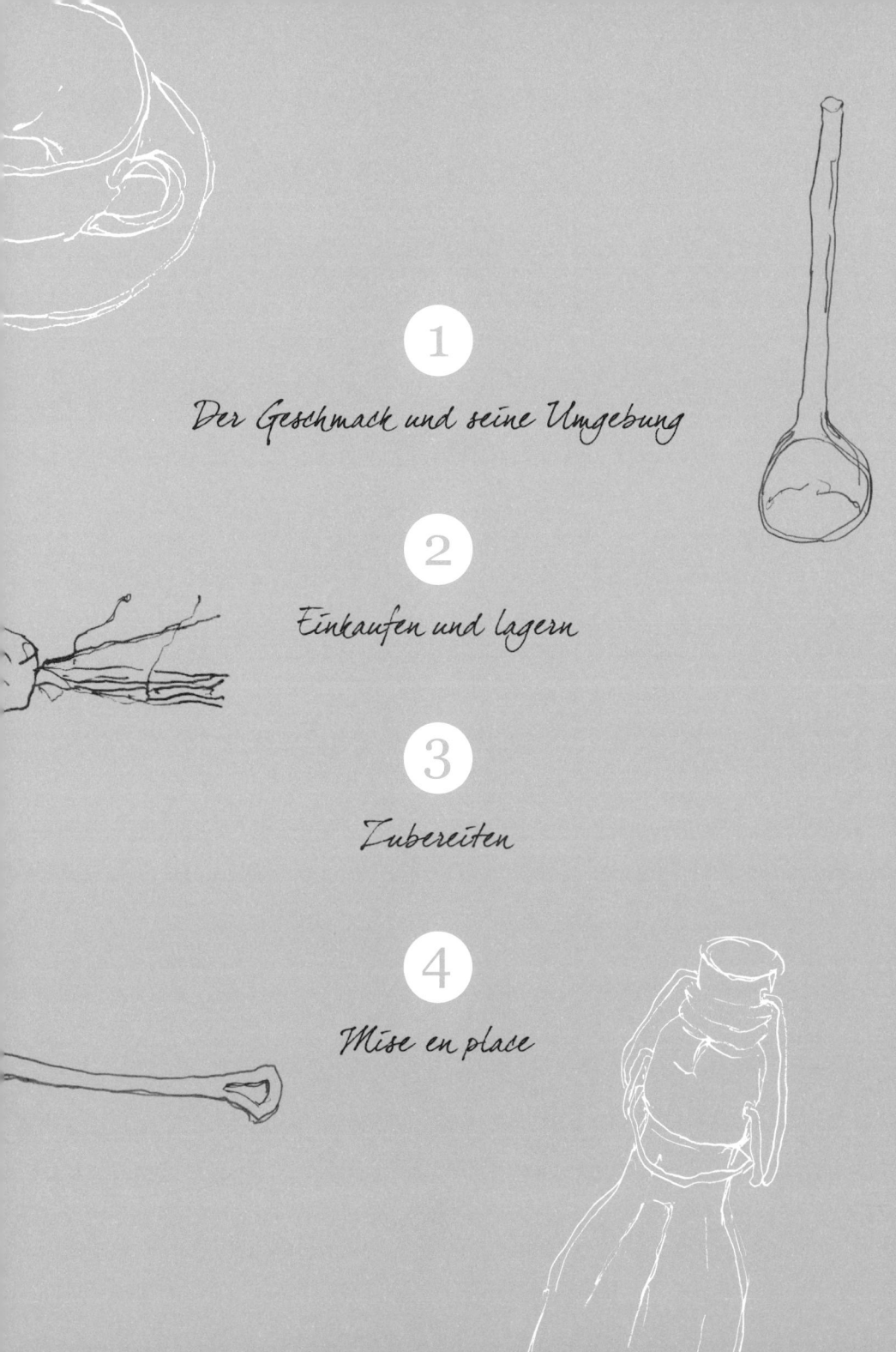

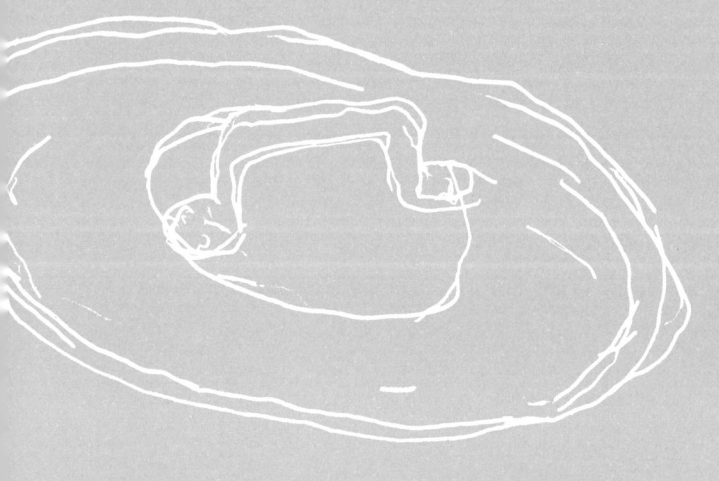

Genuss – ein Weg in vier Schritten

Genuss stellt einen Gegenpol zu unserer informationsüberfluteten und hektischen Lebensart dar. Genießen hat mit Wahrnehmen, Entdecken und mit Zeitnehmen zu tun. Nach diesen Parametern habe ich mich mit einigen Bestandteilen meiner Küche auseinandergesetzt. Mithilfe meiner Beobachtungen aus der Entdeckung von Aromen und Zusammensetzung von Geschmack, vom Umgang bei Einkauf und Lagerung, Hinweisen für die Zubereitung und Tipps für eine etwas andere Optik möchte ich zum bewussten Genuss verführen. Konkret finden Sie ausgewählte Produkte aus den Bereichen Obst, Gemüse, Fleisch bzw. Fisch und Begleitern beschrieben.

Der Geschmack und seine Umgebung

Wahrnehmung muss geschult werden durch kauen, spüren, tasten, rechnen und wissen. Der Menüplan unseres Lokals entsteht in Abstimmung mit den Jahreszeiten und den Möglichkeiten, die mir meine Lieferanten eröffnen. Ein Produkt kommt zu uns ins Haus und wird gecheckt: Wo kommt es her, wie passt es in die Jahreszeit, welche Sorte ist es, ist es klein, groß, dick, dünn. Die Beschaffenheit des gelieferten Produkts arbeiten wir in unsere Speiseplanung ein. Dabei kombiniere ich gerne: Jahreszeit mit Jahreszeit, ein Tier mit seinem Futter, eine Geschmackskomponente, die in zwei sehr unterschiedlichen Produkten zu finden ist. Einige solcher Kombinationen werden Sie in den folgenden Beschreibungen wiederfinden.

Meine wichtigsten Ansprüche in Sachen Genuss sind: wegzukommen von der Monotonie am Gaumen und von ermüdender Gleichförmigkeit. Traditionelle und bekannte Gerichte haben ihre Berechtigung, in der feinen Küche sollten sie aber auf jeden Fall einen besonderen Pfiff bekommen. Regional darf sich nicht mehr auf banal reimen.

Einkaufen und lagern

Gute Küche beginnt schon bei der Einkaufskultur. Dafür gilt es, sich Offenheit anzugewöhnen und Händlertreue zu pflegen. Die Jahreszeiten zu nutzen, heißt nicht nur, zu wissen, was gerade reif ist, sondern wo genau gerade das beste Produkt der Saison herkommt, wo die besten Marillen, die süßesten Erdbeeren oder die aromatischsten Tomaten meiner Region wachsen. Natürlich sind nicht alle guten Hobbyköche gleichzeitig Biologen oder Gärtner. Einige Anregungen, worauf Sie achten können, wie es bei uns in Südtirol ist oder warum ich bestimmte Dinge nicht koche, habe ich zusammengefasst. Die beste Einkaufshilfe ist aber ein guter Händler. Deshalb kann man sich viel Wissen holen, indem man ein Vertrauensverhältnis aufbaut und pflegt. Wenn man entsprechend offen einkauft, hat man gleich den nächsten wichtigen Schritt in Richtung Genuss gemacht. Gehen Sie also nicht mit einem unumstößlichen Speisezettel im Kopf zu Ihrem Metzger, lassen Sie sich zeigen, welches Gemüse Ihr Bauer gerade besonders reif anbietet, oder hören Sie auf die Empfehlung Ihres Fischhändlers. Als Stammkunde können Sie nicht nur fragen, Sie dürfen vielleicht sogar die Ware angreifen, lassen den Spargel quietschen, testen die Leichenstarre des Fisches oder berichten, dass die zuletzt gekaufte Lammkeule nicht einwandfrei war. Und wenn es denn zu Weihnachten unbedingt das Karpfenfilet sein muss, dann pflegen Sie neben der Treue zum Fischhändler auch die Kultur des Bestellens. Es ist nur natürlich, dass er einem treuen Kunden, der das Jahr über auch ganze Fische gekauft hat, zu Weihnachten ein besonders gutes, heimisches Fischfilet besorgt.

Kochkunst ist nur ein Teil dessen, was ich auf den Teller bringe. Die Produktkontrolle und die Verantwortung für die Qualität liegen bei mir – das erfordert schon beim Einkauf Geduld und Zeit.

 ## Zubereiten

Ich bin kein Freund eines aufwendigen und langatmigen Kochprozesses; das sogenannte Vakuumkochen, also bis die Speise im Mund zerfließt, liegt mir nicht. Im Gegenteil, ich finde die Beschaffenheit von Produkten so spannend, dass ich sie gerne erhalte. Ein Gemüse darf al dente sein, Polenta soll ihre Körnigkeit bewahren und Almvieh hat sich seine Muskelkraft nicht erarbeitet, um butterweich auf dem Teller zu landen. Und so sind meine Zubereitungstipps vor allem darauf ausgerichtet, den Geschmack und die Beschaffenheit eines Produkts zu bewahren. Mit kleinen Tricks oder einer neuen Variante können Sie Ihren Speiseplan verändern, verfeinern oder einfach den Genuss optimieren. Ich möchte hier keine detaillierten Rezepte liefern, vielmehr sollen Sie zu Ihren eigenen Kreationen und Ideen angeregt werden.

Mise en place (vorbereiten und anrichten)

Die Vollendung der Genusskreation ist selbstverständlich das Servieren. Nach all den Jahren in der Gastronomie finde ich noch immer den Moment, in dem die Teller vor die Genussmenschen, für die sie gedacht sind, gestellt werden, das Spannendste. Das Wahrnehmen, das Aufnehmen, der Moment der Stille, wenn alle schauen und das Gericht, die Gerüche auf sich wirken lassen. So sind auch diese Anregungen nicht als Bastelanleitungen oder Bausteine zu verstehen, sondern als Vorschläge, um Spannung zu erzeugen und neue Ideen auf den Teller zu bringen. Gerade das Anrichten ist ja in einem Ein-Personen-Unternehmen Küche ein großer Stressfaktor, deshalb sollten die Tipps mehr in Richtung Überraschung und weg von großen optischen Attraktionen gehen.

Obst

Apfel

Birne

Erdbeere

Holler / Holunder

Marille

Quitte

Tomate

Weintraube

Apfel

1 | GESCHMACK UND SEINE UMGEBUNG Der Apfel ist eine sehr vielseitige Frucht, die sowohl für salzige als auch für süße Speisen verwendet wird. Er bringt in jedes Gericht einen Hauch Frische, nicht nur aufgrund seines Geschmacks, sondern auch dank seiner knackigen Konsistenz, die er vor allem roh hat.

Wichtig finde ich sowohl bei der Sortenwahl als auch bei der Abstimmung des Rezepts eine ausgewogene Balance zwischen süß und sauer. Hervorragend passen gekochter Apfel und Blauschimmelkäse oder Speck zusammen, auch Staudensellerie und Apfel kommen gut miteinander aus. Mit Rosmarin geschmort, ist er als Püree ein lohnender Begleiter zu Wild. Einen besonderen Reiz bekommt Apfelmus, wenn Sie es allein aus Apfelspalten mit Honig zubereiten.

2 | EINKAUFEN UND LAGERN Zwölf Prozent aller europäischen Äpfel kommen aus Südtirol, allein elf unserer heimischen Sorten tragen das Prädikat geschützte geografische Angabe. Auch wenn Äpfel gut zu lagern sind, hat doch jede Saison ihre ganz besonderen Sorten. Auch bei den Äpfeln gibt es erfreulicherweise eine Rückbesinnung auf alte Sorten. In Südtirol sind das beispielsweise der Brixner Blattele, der Lederer, der Weiße Rosmarin, der Weiße Winterkalvill, der Stoanpepin, der Kalterer Böhmer, der rote Boskop und

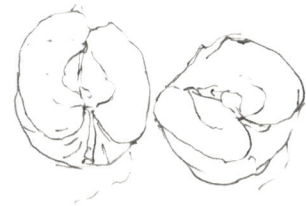

die Ananasrenette. Das sind Bäume, die am Rande von Obst- oder Streuwiesen stehengeblieben sind. Sie bringen sehr unterschiedliche Geschmacksrichtungen und Texturen in unsere Küche.

Daheim sollten Äpfel immer von anderen Obstsorten getrennt aufbewahrt werden, da sie ein Reifegas verströmen, das anderes Obst leicht verderben lässt.

3 | ZUBEREITEN Äpfel sind ein Bestandteil vieler Rezepte. Was ich gerne mache, ist Apfel mit Butter zu rösten. Die Kombination von Milch- und Fruchtsäure ergibt ein schönes Spiel im Mund und lässt den Apfel nicht so spitzig in der Säure erscheinen. Die Butter rundet den Eindruck wunderbar ab.

Ein Klassiker der Südtiroler Küche ist der Apfelstrudel, den ich neu interpretiert habe. Das bedeutet, ich bereite keinen klassischen Strudelteig, sondern verpacke Apfelspalten und Mus gemeinsam mit Rosinen und Pinienkernen in Nudelteig und frittiere sie. Besonders schmackhaft wird die Fülle, wenn Sie die Äpfel fünf Minuten vorab mit Kristallzucker vermengen, so karamellisieren sie beim Erwärmen schneller. Als Variante zu Apfelküchlein können Sie diese einmal in Tempurateig (Reismehl und Eiswürfelwasser) ausbacken. (Bei Gebackenem immer einen Thermoschock erzeugen: Dazu Teig auf Eiswasser stellen, Apfelscheiben darin tunken und in Fett herausbacken.)

4 | MISE EN PLACE Um einem Dessert zu einem herrlichen Apfelaroma zu verhelfen, kann man auch Apfelsaft mit Gelatine „festigen" und ihn dann als kleine Würfel in einem Metallring anrichten.

Die Kombination von warmen und kalten Äpfeln führt zu einem intensiven Geschmackserlebnis. So können Sie jedem Apfeldessert mit Stücken von getrocknetem Apfel, andersfarbigem Gelee oder ganz fein geschnittenen Schalen von roten Äpfeln, die Sie wie Kräuter darüberstreuen, einen Farbtupfer und eine exquisite Note verleihen. Für den Zimtgeschmack, der dem Apfel seine Schärfe nimmt, serviere ich Zimteis.

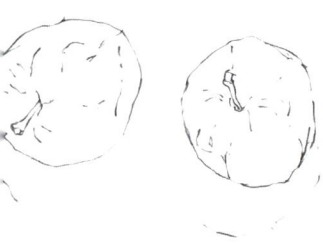

Birne

1 | GESCHMACK UND SEINE UMGEBUNG In den alpenländischen Gebieten sieht man besonders in höheren Lagen vor den Bauernhäusern fast immer einen Apfel- oder Birnbaum. Das kommt daher, dass diese Früchte als Zuckerersatz dienten. Sie wurden nach der Ernte (diese erfolgte häufig durch Herunterschlagen) auf den Dachboden zum Trocknen gelegt, dann in Spalten geschnitten und schließlich nach dem Brotbacken in der Resthitze des Backofens gedörrt. Diese Stücke wurden dann entweder klein geschnitten als Krapfenfülle verwendet oder mithilfe eines sehr großen Mörsers oder einer Schlagmühle zu Kloatzenmehl verarbeitet. Diesen Zuckerersatz streuten die Bauern über den Milchreis oder in den Milchkaffee.

Die Birne ist aufgrund ihrer leichten Säure aber auch der ideale „Kombinator", da sie nicht ganz so sauer wie der Apfel ist und durch ihren hohen Zuckergehalt eine dezente Süße liefert. So gilt sie als feine Dessertgrundlage im klassischen Ambiente von Zimt, Nuss und Schokolade. Sie trifft sich in ihrem Aroma sehr gut mit jenem von Grau- oder Blauschimmelkäse.

2 | EINKAUFEN UND LAGERN Bei Birnen ist es wie bei Äpfeln: In den Handel gelangen nur die Sorten, die lagerfähig sind. Sie werden gepflückt, wenn sie noch nicht ganz reif sind, und in Kühlzellen gelagert. Dort reifen sie nach. Man sollte sie allerdings recht bald verzehren, da sie schnell mehlig werden.

Zwei ganz besondere Birnensorten sind die Lorenzi- und die Palabirne. Beide haben ein intensives Aroma und eignen sich mit ihrem würzigen Karamell- und Zimtgeschmack sehr gut zum Backen. Die Palabirne wächst fast ausschließlich bei uns im Vinschgau. Sie kommt getrocknet als Kloatzen nicht nur in die Weihnachtszelten, sondern auch ins Palabirnbrot.

3 | ZUBEREITEN Kloatzen haben eine fast gummiartige Konsistenz und eignen sich gut für Füllungen. Um Mehl daraus zu gewinnen, muss man sie sehr lange trocknen und mahlen. Ich verarbeite das Mehl beispielsweise zu einem Nudelteig oder wälze mit Kloatzen gefüllte Pralinen darin.

4 | MISE EN PLACE Die Form der Birne stellt schon als Viertel eine schöne Grundlage für ein hübsches Dessert dar. Wenn man sie also kurz in Zuckerwasser pochiert (roh ist sie nicht so ideal), lässt sich mit etwas Vanille- oder Karmell-Eis oder süßen Knödeln mit Hollerkoch und Minze ein verlockender Teller anrichten.
Um ein Birnendessert geschmacklich zu intensivieren, streuen Sie kurz vor dem Servieren noch Birnenmehl darüber.

Erdbeere

1 | GESCHMACK UND SEINE UMGEBUNG Erdbeeren sind nicht nur sehr süß, sie haben auch ein würziges Aroma, das manchmal an Ananas oder Weintrauben erinnert. Neben den klassischen Fruchtbegleitern (mein Favorit ist der säuerliche Rhabarber) kombiniere ich Erdbeeren gerne mit grünem Pfeffer, da sich ihre Süße mit dem mäßig Scharfen und ebenfalls Fruchtigen des Pfeffers gut verträgt. Wunderbar ergänzt sie auch der holzig-süße Geschmack von Wiesenhonig. Obwohl ich selbst nicht so der große Balsamico-Fan bin, muss ich zugeben, dass auch Erdbeeren und Balsamico gut zusammenpassen.

2 | EINKAUFEN UND LAGERN Unreife Erdbeeren – man erkennt sie an der hellen Farbe und der weißen Spitze – sind hart und haben kein Aroma. Deshalb sollte man nur pralle, rote, kleine Früchte kaufen. Sehr wohlschmeckend sind Erdbeeren aus höheren Lagen – die besten kommen bei uns aus dem Martelltal und aus dem Ultental –, da sie langsamer reifen und so mehr Geschmack entwickeln.

3 | ZUBEREITEN Erdbeeren sind nicht nur beerige Sommerboten, man bekommt sie auch den ganzen Sommer über, weshalb der Verarbeitungsvielfalt keine Grenzen gesetzt sind, ob man sie nun für Sorbet oder Eis püriert oder sie leicht erwärmt und als Tartar verarbeitet oder einfach nur mariniert. Den Geschmack von rohen Früchten können Sie intensivieren, indem Sie sie ein bisschen in Erdbeermus (mit Staubzucker pürierte Erdbeeren) marinieren.

4 | MISE EN PLACE Neben dem verlockenden Spiegel, der sich mit Püree auf jeden Teller zaubern lässt, kann man allerlei Soufflés und Kuchen mit geviertelten Früchten schmücken. Klassisch etabliert ist die Begleitung durch gezupfte Minze und Staubzucker, wodurch sich die Süße deutlicher hervorhebt.

Holler / Holunder

1 | GESCHMACK UND SEINE UMGEBUNG Da man vom Holunder sowohl die Blütenreben als auch die Beeren verarbeitet, kann man nicht von einem eindeutigen Aroma sprechen. Die Blüten sind zart duftig im Geschmack, mit einem leicht herben Nachgeschmack, die Beeren hingegen schmecken sehr herb und haben nur einen leicht süßen Beigeschmack, sodass sie für die erdige Note von Desserts verwendet werden. Generell eignet sich Sirup aus der weißen Blüte sowie Saft aus schwarzen Beeren als erfrischender Aperitif-Zusatz und als feine Dessertergänzung von Gebackenem und Fruchtigem. Ich finde diese traditionell genutzte Vitamin-C-Bombe eine verlockende Zutat, um der Küche saisonalen Charakter zu verleihen.

2 | EINKAUFEN UND LAGERN Hollerblüten geben den Auftakt zur Einmachsaison. Am besten bereitet man aus den Blüten (ohne Stiele) mit Zucker, Wasser und Zitronensäure einen Sirup, den man – gut kühl und dunkel gelagert – das ganze Jahr über verwenden kann.

3 | ZUBEREITEN Die Hollerbeeren am besten von den Stielen rebeln, um sie anderen Früchten, z. B. Pflaumen, die für ein Kompott gekocht wurden, beizufügen. Als Marmelade eingekocht, sind sie eine nette Garnierung für den Dessertteller. In der feinen Küche machen wir eher Gelee, das wir durch ein Haarsieb streichen, aber natürlich kann man die rustikale Variante wählen, indem man die Beeren in der Marmelade zurücklässt.

4 | MISE EN PLACE Blütensirup lässt sich sehr gut zu Gelee weiterverarbeiten, womit man gezielt eine intensive Note zu einem Gericht hinzufügen kann. Als Sirup passt es hervorragend zu einem prickelnden Sekt, da es sowohl zu Herbem als auch Süßem harmoniert, zum Beispiel in einer gelierten Holler-Sekt-Suppe. Mit Gelatine gefestigt, kann man Hollergelee sehr gut einem Dessert als Geschmacksperlen beifügen.

Marille

1 | GESCHMACK UND SEINE UMGEBUNG Marillen verkörpern im Juli und August den fruchtigen Höhepunkt des Sommers. Dieses intensive Orange und die gleichzeitig saftige Bissfestigkeit der reifen Frucht sind einfach kaum zu überbieten. Geschmacklich liefert die Marille eine Ausgewogenheit zwischen pikanter Säure und leichter, dezenter Süße. Es gibt wenige Früchte, deren herrlichen Geschmack man so gut konservieren kann wie den von Marillen, wenn man sie dörrt. Zwar verlieren sie ihren Duft, geschmacklich werden sie dafür um eine karamellige Note erweitert.

Marillen sind aufgrund des Süßegehalts eine ideale Marmeladegrundlage. Sie lassen sich wunderbar mit anderen fruchtigen Partnern wie Pfirsichen oder Himbeeren kombinieren, mein Favorit sind Blaubeeren. Mit Vanille bekommen sie eine herrliche Milde, getrocknet holt man aus ihnen mithilfe von Rosmarin wieder ein Lavendelaroma hervor. Außerdem ist die Marille ein bewährter Partner von Wild und Pilzen, beispielsweise harmoniert eine mit Mandeln gefüllte Marille wunderbar mit Hirsch.

2 | EINKAUFEN UND LAGERN Beim Einkauf sollte man unbedingt auf die Jahreszeit achten. Und natürlich auf die Region, aus der die Marillen kommen. Die besten Südtiroler Marillen sind für mich die Vinschger Marillen. Ein altes Bauerngeheimnis sagt, dass es einen geschmacklichen Unterschied auch durch die Herkunft gibt: Die Früchte von der Schattenseite sind viel saftiger und aromatischer als die von der Südseite. Denn es gibt frühe und späte Sorten, die je nach Lage mal mehr, mal weniger aromatisch sind. Nicht täuschen lassen sollte man sich vom Aussehen. Auch eine gelbe Marille mit roten Bäckchen kann, wenn sie zu früh geerntet wurde, sauer sein. Zwar reifen Marillen noch nach, aber den besten Geschmack haben sie, wenn sie richtig reif gepflückt wurden.

3 | ZUBEREITEN Ich finde die Verarbeitung von vollreifen Marillen immer etwas schwierig, weil sie leicht zerfallen. Sie lassen sich reif aber leichter schälen (bei unreifen ist das etwas schwieriger, weil man das Fruchfleisch mit dem Messer herausschaben muss). Für die Marmelade koche ich sie mit Schale und passiere sie dann. Mein Favorit ist mein Mandel-Marillen-Schmarren, weil die Mandel die Marille in ihrem Aroma unterstützt, da das mandelige

Aroma auch im Kern der Marillen zu finden ist. Dafür koche ich die halbierten, geschälten Marillen mit etwas Weinsteinsäure, damit sie die Farbe behalten. Den Schmarrenteig bereite ich aus Mandelmehl, Weizenmehl und Mandelsplittern und unterhebe ihn mit Eiweiß. Dann lege ich drei, vier halbierte Marillen in eine Form, schütte den Teig darüber und schiebe ihn für 15–20 Minuten in den auf 160 °C vorgeheizten Backofen.

4 | MISE EN PLACE Gerade die Marille sollte in verschiedenen Formen auf den Teller kommen, um ein intensives Erlebnis zu bereiten. So kann man zu Gebackenem wie Krapfen, Omelette oder Soufflés und Vanilleeis eine intensive Marillennote bekommen, wenn man ein Marillenkompott und Marillenmark mit anrichtet – Minzblättchen nicht vergessen!

Quitte

1 | GESCHMACK UND SEINE UMGEBUNG Die herbe Apfel- bzw. die mildere Birnenquitte stammt aus der bäuerlichen Küche. Sie erlebt in den letzten Jahren ein Revival und ist vermehrt vor allem von September bis November auf unseren Märkten zu finden. Meist wird sie unreif geerntet, da sonst das Pektin verlorengeht und das Fruchtfleisch sich rosa – ich nenne das immer Bauernrosa – verfärbt.

Ich serviere Quitten gern zusammen mit Käse oder Wild. Man kann sie auch zu Marmelade oder Kompott verarbeiten. Eine Spezialität ist der „Quittenkäse": Dafür kocht man eine Paste, die man dann zwölf Stunden trocknet. Für Süßspeisen, z. B. als Füllung von Gebäck, eignet sich eine Mischung aus Apfel und Quitte. Aber auch ein „Tee", d. h. ein Sud aus den Schalen, bringt eine erfrischende Note in Ihre Küche zum Beispiel zu Weihnachtsgebäck, Früchte- oder Palabirnbrot.

2 | EINKAUFEN UND LAGERN Im kühlen, dunklen Keller können Quitten bis zu zwei Monate gelagert werden und sie reifen dabei nach. Wichtig ist, dass Sie keine einzige angefaulte Frucht dabei haben, sonst sind bald alle kaputt. Braune Stellen auf der pelzigen Schale sind kein Zeichen minderer Qualität.

3 | ZUBEREITEN Bevor man Quitten weiterverarbeitet, muss die Schale gut mit einem Tuch abgerieben werden, da der Flaum die meisten Bitterstoffe enthält. Quitten können nicht roh gegessen werden, sie müssen immer gekocht sein. Dabei werden sie durch das Pektin leicht rötlich. Überraschen können Sie Ihre Gäste mit einer Quittencarpaccio, der sich wunderbar vorbereiten lässt: Sie begießen einfach dünne Quittenscheiben mit Zuckerwasser (1:1) und garen sie auf einem Blech im Backofen 180 °C bei Oberhitze ca. 10–15 Minuten. Als Begleiter zu einem schokoladigen Dessert erwarten die meisten auf den ersten Blick wahrscheinlich einen Apfelgeschmack – und bekommen süße, etwas harzige Nachspeise.

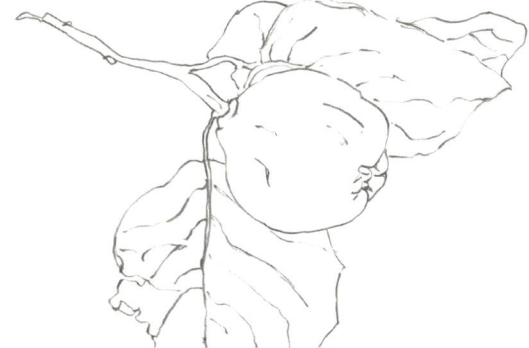

1 | GESCHMACK UND SEINE UMGEBUNG Allgemeingültiges über den Geschmack von Tomaten zu sagen, ist fast unmöglich, da es von diesen (biologisch so definierten) Beeren 10.000 Sorten gibt. In meiner Heimat haben wir von Ende Juni bis Anfang Oktober ungefähr 25 Sorten, die von einer Bäuerinnen-Kooperationsgruppe vor allem in Südtirols Süden gepflegt werden. So bekommen wir eine sehr große Geschmacksvielfalt.

Ob ich nun ein Andenhorn, eine Ananastomate, eine Lemonred, eine Schokoladentomate oder eine Zahnrad- oder Zebratomate bekomme, da lasse ich mich überraschen und kann sie sehr vielfältig in meinen Menüplan einbauen.

Man kann auch hier alle bekannten mediterranen Geschmacksnoten einsetzen, spannender finde ich bei der Tomate das Spiel mit den eigenen Konsistenzen und verschiedenen Sorten: Etwa, wenn ich ein herrliches Tomatenschnitzel, das ich auf beiden Seiten sehr kurz angebraten habe, mit knackigen Kirschtomaten garniert, ein bisschen geschmorten Zwiebeln, etwas Basilikum, Salz und sonst nichts anrichte.

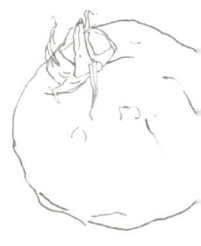

2 | EINKAUFEN UND LAGERN Ist der Stiel bei Strauchtomaten noch grün und fallen die Tomaten nicht von allein ab, dann sind sie frisch. Gelbe Blätter oder Früchte, die sich leicht vom Stiel lösen, sind ein Zeichen, dass das Gemüse vor längerer Zeit geerntet wurde.

Tomaten mögen es nicht zu kalt. Deshalb ist der Kühlschrank der falsche Aufbewahrungsort. Bei Zimmertemperatur entfalten sie ihr Aroma am besten. Da Tomaten ebenso wie andere Nachtschattengewächse, aber auch Äpfel, das Reifegas Ethylen ausscheiden, sollten sie nie in der Nähe anderer Obst- bzw. Gemüsesorten lagern.

3 | ZUBEREITEN Prinzipiell schäle ich auch für den rohen Verzehr alle Tomaten, da sie so ein intensiveres Aroma habe. Die Schalen trockne ich dann bei 70 °C und verarbeite sie später zu einem Pulver, mit dem sich das Aroma einer Tomatenspeise gut intensivieren lässt. Falls Sie die Schale zur Dekoration farbecht erhalten möchten, wickeln sie diese mit einem nassen Küchentuch ein und trocknen sie zwei Stunden lang bei 75 °C. Dann legen Sie sie auf ein trockenes Küchentuch und trocknen sie bei 70 °C nochmals vier Stunden.

Auch für eine schnell gekochte Tomatensauce erzielen Sie ein weit besseres Genusserlebnis, wenn Sie die Schalen der Tomaten entfernen. Sie können die Schale durch Blanchieren leichter lösen, haben Sie aber gerade ein heißes Ölbad, eignet sich auch dieses, um die Schale zu brechen. Einfach kurz ins heiße Öl tauchen.

4 | MISE EN PLACE Zur Sortenvielfalt gehört auch der Präsentations- und Verarbeitungsreichtum. Ob mit Salat, gratiniert, gefüllt mit Hackfleisch oder Gemüse – da hat wohl jeder seine Sommerfavoriten. Fix zu unserem Speisezettel gehört eine Tomatenterrine und ein weißes Tomatenmousse. Das bekommt man, wenn man die Tomaten zerschneidet und ganz leicht salzt. Dann legt man sie in ein Tuch, hängt es auf und lässt es über Nacht entwässern. Wenn man sie dann eingeliert, erhält man 100 Prozent Tomatengeschmack.

Weintraube

1 | GESCHMACK UND SEINE UMGEBUNG Trauben sind ein nicht aus unserer Kultur wegzudenkendes Produkt, allerdings sind sie eher in der Weinerzeugung als in der Küche etabliert. Es ist sicher schwierig mit Trauben zu kochen, weil sie sehr zartbesaitet sind. Tafeltrauben haben generell eine dünnere Schale. Trauben tragen viele Fruchtnoten in sich, die wir aus der Weinkunde kennen, roh sind sie aber meist unaufdringlich. Die blumige, fast in Richtung Honig weisende Note kann man wunderbar mit Käse oder Nüssen, aber auch mit Fleisch kombinieren.

2 | EINKAUFEN UND LAGERN Wenn die Kerne auch nicht zum Verzehr geeignet sind, verwende ich trotzdem keine kernlosen Trauben. Für unsere Bauern sind diese viel zu weit von Natürlichkeit entfernt. Meine liebsten Sorten sind die Erdbeertraube, die gesetzlich nur zum Frischverzehr bestimmt ist, und die Vernatschtraube. Sie ist die am weitest verbreitete Traube Südtirols, aus ihr wird auch unser Tafelwein erzeugt wird.

3 | ZUBEREITEN Trauben lassen sich sehr vielfältig in der Küche verarbeiten, ob als Gelee, als Salat, den wir als Käsebegleitung servieren, auch im Rumtopf und im Schmarren.

Dafür macht man einen normalen Schmarrenteig (etwas Topfen beimengen, damit er locker bleibt) und fügt Trauben und Nüsse bei. Dazu serviere ich Rotwein-Eis oder Traubensorbet.

Für ein Sorbet mixt man die rohe Trauben auf, siebt die Schalen ab und vermengt sie mit Zuckerwasser (1:1), dann füllt man diese Mischung in die Eismaschine.

4 | MISE EN PLACE Mein Weintrauben-Knüller ist der Magdalener Braten, ein herrliches Schmorgericht. Normalerweise mache ich ihn aus Rindfleisch (Braten oder Wangerl), man kann aber auch Wild verwenden. Ich brate das Fleisch mit Röstgemüse an und gieße es mit Rotwein auf, dann ganze Traubenbeeren dazugeben und mitkochen lassen. Bei zwei Litern Flüssigkeit (ein Liter Wein, ein Liter Fond) gebe ich ca. 150–200 g Trauben dazu. Mit Lorbeer, Rosmarin, Wacholderbeeren, Pfeffer würzen. So bekommt der Braten eine sehr feine Süße. Mit Püree oder Polenta ist dieser Braten ein einmaliges Herbstgericht.

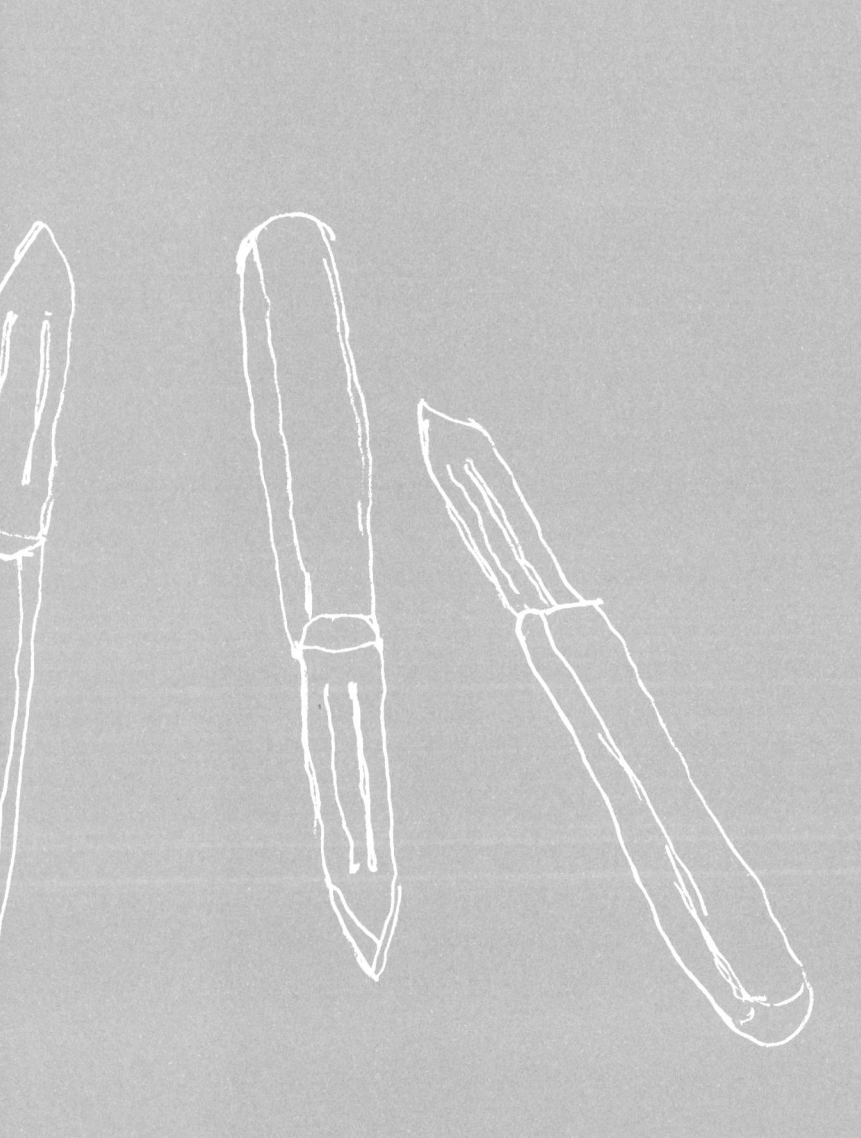

Gemüse

Artischocke

Blumenkohl / Karfiol

Kartoffel

Knoblauch / Lauch

Kohlrabi

Kürbis

Melanzane / Auberginen

Rohnen / Rote Bete

Rosenkohl

Spargel

Spinat / Mangold

Wurzelgemüse

Zucchini

Zwiebeln

1 | GESCHMACK UND SEINE UMGEBUNG Die Artischocke hat einen leicht bitteren Geschmack, der dem Spargel ähnlich ist. Wunderbar untermalt wird sie von Thymian mit etwas Olivenöl, aber auch Petersilie und Minze passen ausgezeichnet dazu. Auch die Kombination mit Kaninchen und Ziegenkäse ist sehr reizvoll. Herrlich ergänzt wird die Artischocke auch durch Knollenziest.

2 | EINKAUFEN UND LAGERN Artischocken sollten immer hart sein. Am Strunk kann man sehr gut sehen, ob die Artischocke frisch geerntet wurde oder nicht, denn je heller der Stiel, desto frischer die Artischocke. Ein dunkler Stiel steht für eine lange Transport- oder Lagerzeit. Und je länger der Stiel, der ja der Wasserspeicher für die Blüte ist, desto länger bleibt die Artischocke frisch. Am besten lagert man sie, in ein feuchtes Tuch eingeschlagen, bei 4–5 °C im Kühlschrank. Bestens aufbewahren kann man Artischocken auch, wenn man sie putzt, ein bisschen Zitronensaft und ein bisschen feines, also nicht zu dominantes Olivenöl draufgibt und dann vakuumiert. So bleiben sie drei bis vier Tage frisch, ohne braun zu werden.

Es gibt verschiedene Artischockenarten, eine der besten finde ich die sardische Spinoza-Artischocke mit den Stacheln. Ich mag es nicht so gern, wenn man sie, wie es in der Sterneküche leider oft passiert, bis zur geschmacklichen Unkenntlichkeit putzt, sodass sie nur noch weiß ist. Ich finde das bittere Aroma reizvoll und lasse daher gerne auch etwas Braun und Grün der Blätter und den Stiel dran.

3 | ZUBEREITEN Beim Herausdrehen der Stiele entfernt man auch die harten, fasrigen Teile, die sonst am Artischockenboden bleiben würden. Außerdem mildert man so die Bitterstoffe. Verwendet wird nur das Herz, also den Bart und die äußeren Blätter groß-zügig abmachen. Nach dem Putzen müssen Artischocken schnell verarbeitet werden, auch wenn Zitrone die Braunfärbung verhin-dert. Achten Sie darauf, nicht zu viel Zitrone zu verwenden, um die Artischocke geschmacklich nicht zu töten. Wer sie dennoch erst später zubereiten will, muss Ascorbinsäure (Vitamin-C-Pulver) ins Wasser geben. Ich esse gebratene Artischocken (mit Olivenöl und etwas Käse hat man da gleich ein feines vegetari-sches Gericht) lieber als gekochte, weil sie so einen intensiveren Geschmack haben. Man kann sie auch füllen und gratinieren, zu Suppe verarbeiten oder roh als Salat essen. Für diese Variante sollte man die Artischocken mit der Aufschnittmaschine dünn aufschneiden und dann mit Olivenöl, Zitronensaft, Salz und Pfeffer marinieren. Zum Schluss hobelt man noch etwas Käse (Parmesan oder anderen reifen Hartkäse) darüber. Außerdem kann man Artischocken auch frittieren, dafür habe ich zwei Varianten: mit normalem Mehl und mit Hartweizenmehl, da wird es dann noch knuspriger.

4 | MISE EN PLACE Artischockenherzen sind, auch wenn man sie aufschneidet, farblich und in der Form nicht sehr dekorativ. Auf dem Teller suche ich deshalb optisch stärke Reverenzen, die mehr Reize erzeugen. Also zum Beispiel Rucolablätter, Parmesan-Hippen oder Ziegenkäsebällchen.

Blumenkohl / Karfiol

1 | GESCHMACK UND SEINE UMGEBUNG Blumenkohl bietet durch seinen milden Geschmack mit einer zarten, leicht erdigen Kohlnote eine anregende Basis zum Kombinieren und Verfeinern. Nüsse bringen die feine Note des Gemüses deutlich heraus. Toll finde ich auch die Verbindung Blumenkohl und Mozzarella. Eine andere Möglichkeit ist, ihn mit Garnelen zu kombinieren.

2 | EINKAUFEN UND LAGERN Ich habe es leicht, da in Südtirol im Sommer das Gemüse in großen Mengen wächst. Natürlich sagen der Zustand der Blätter und die Flecken viel über den Frischegrad des Blumenkohls aus. Ob Blumenkohl weiß oder gelb ist, gibt weniger Aufschluss über seine Frische als vielmehr über den Fleiß seines Bauern: Bei weißem Blumenkohl hat der Bauer die Blätter schön zugebunden, damit die Sonne nicht drankommt. Das ist aber nur ein optischer, doch kein geschmacklicher Unterschied. Außerdem sollte der Geruch des Blumenkohls nicht zu intensiv sein, weil er sonst zu stark gedüngt wurde.

3 | ZUBEREITEN Blumenkohl ist auch für die Zubereitung ein Multitalent. Außer ihn traditionell zu kochen oder zu dämpfen, kann man ihn in Backteig ausbacken oder, wie ich es tue, braten. Ich habe es gerne, wenn zwei Zubereitungsarten auf einem Teller serviert werden. Also, wenn die kleinen Röschen in Olivenöl farblos angeschwitzt und zusammen mit den gekochten und pürierten Stielen angerichtet werden. Aus meiner Lieblingskombination, Blumenkohl–Tomate, habe ich ein Gulasch kreiert: geschmorte Zwiebeln und Knoblauch anrösten, geschälte Tomaten dazu und zerfallen lassen, darin dann die Blumenkohlröschen weichdünsten. Wie Gulasch anrichten und kurz geröstete Röschen darüberstreuen.

4 | MISE EN PLACE Blumenkohl ist ein optisch reizvolles Gemüse, das sich sehr gut für einen liebevoll angerichteten Teller eignet. Er schmeckt herrlich, wenn man die mittlere Blumenkohlröschen zerbröselt, ohne Farbe ansautiert und damit garniert. Vor dem Servieren beträufle ich ihn mit einer leichten Vinaigrette oder einfach nur mit ein bisschen Salz und ein paar Tropfen Olivenöl. Einen besonderen Blumenkohl-Clou bekommen Sie, wenn Sie die Blumenkohlblätter abkochen, klein schneiden und eingelieren, dann können Sie eindrucksvolle Geschmackswürfel auf Ihren Salatteller zaubern.

1 | GESCHMACK UND SEINE UMGEBUNG Kartoffeln heißen bei uns auch Erdäpfel, und diese Erdverbundenheit ist durchaus geschmacklich nachvollziehbar. Bei den Aromen finden Sie weiters breite Nuancen von süß bis bitter, von nussig bis malzig. Es ist keine neue Erkenntnis, dass Kartoffeln sich fast jedem Begleiter – ob Kraut, Milchprodukt, Fleisch, Fisch, Nuss oder Gemüse – anpassen und diesen molliger und sanfter erscheinen lassen. Die Überraschungen zeigen sich eher in der Bandbreite der Verarbeitungs- und Genussmöglichkeiten.

2 | EINKAUFEN UND LAGERN Weltweit gibt es schätzungsweise 5000 Kartoffelsorten. Darunter so spezielle Sorten wie Kipfler, Bamberger Hörnchen oder Blauer Schwede, die vor allem in der gehobenen Küche Verwendung finden.

Wichtig beim Kartoffelkauf ist die Frage: Wofür brauche ich die Kartoffeln? Danach entscheidet sich, ob man eine mehlige oder eine festkochende Sorte wählt. Für Tartar, Gulasch, Chips und Pommes frites bzw. Bratkartoffeln nimmt man festkochende Kartoffeln. Mehlige eignen sich besser für Pürees, Suppen, Teig, Füllungen und Gnocchi.

3 | ZUBEREITEN Damit beim Kartoffelgulasch die Stärke nicht herausgewaschen wird, die geschälten Kartoffeln nie geschnitten ins Wasser geben, sondern kurz vor der Zubereitung in winzige Würfel schneiden, denn je kleiner, desto kürzer ist die Garzeit. Außerdem sollte man die Kartoffelwürfel kurz vor Beendigung des Garprozesses aus dem Topf nehmen, weil sie auch beim Abkühlen noch nachgaren.

Für Chips oder Pommes frites Kartoffelscheiben vor dem Frittieren eine halbe Stunde in lauwarmes Wasser legen, um die Stärke herauszuwaschen. Anschließend abtrocknen und im heißen Öl ausbacken. So werden sie durchgängig – auch in der Mitte – knusprig.

Für eine Fülle oder einen Teig gekochte Kartoffeln heiß schälen, pressen, durch ein feines Haarsieb passieren. Erst weiterverarbeiten, wenn die Masse Zimmertemperatur hat. Nun verarbeite ich den Teig ähnlich weiter wie ein Püree: Ich füge handwarme Butter und Eigelb bei und vermenge ihn ausschließlich auf der Platte (niemals mit der Maschine, sonst ergibt es Kleister). Dann werden Kartoffelmehl und Mehl eingeknetet.

4 | MISE EN PLACE Neben den herkömmlichen Arten wie Kochen und Frittieren kann man aus rohen Kartoffeln auch ein Tartar zubereiten. Dafür röstet man kleine, rohe Würfel in einer Pfanne ohne Farbe (niemals in Wasser kochen, sonst verlieren sie die Stärke). Im letzten Moment fügt man gekochtes Gemüse (z. B. grünen Kohl) bei, wobei man am besten zwei Teile Kartoffel auf einen Teil Gemüse verwendet, die alle gleich groß geschnitten wurden. Das richtet man am besten in einem Metallring an.

Eine andere originelle Zubereitung sind Kartoffelspaghetti alla Carbonara, für die man rohe Kartoffeln durch eine japanische Gemüsespaghettimaschine in Fäden dreht und zwei Minuten blanchiert. Dann kann man festkochende Sorten als rustikalen Salat mit Speck und Ei anrichten.

Eine schöne Grundierung für den Teller ist Kartoffelschaum, den man wie ein Püree zubereitet, ihn dann dünn schaumig rührt und den Spiegel mit einem starken Geschmack wie Pilzen, Trüffeln oder Zwiebeln auf dem Teller anrichtet.

Knoblauch / Lauch

1 | GESCHMACK UND SEINE UMGEBUNG Knoblauch wird in meiner Küche nur sehr zurückhaltend verwendet, damit er die übrigen Lebensmittel nicht dominiert. Vielmehr soll er die Aromen der anderen Zutaten schärfen und deutlicher hervorheben. Dafür nehme ich Knoblauchöl oder ich brate bzw. koche Knoblauch ungeschält mit. Für einen deutlichen Lauchgeschmack verwende ich eher Lauchgemüse, das sich mit Mandeln herrlich zu Fisch kombinieren lässt und für Frische sorgt. Gerade wenn man etwas paniert, bringt Lauch saftigen Pepp und nimmt die Schwere und Müdigkeit.

2 | EINKAUFEN UND LAGERN Knoblauch trotz seiner guten Lagerfähigkeit besser frisch verarbeiten, damit er nicht bitter wird. Keime immer ausschneiden.

Beim Einkauf von Lauch ist die Dicke oder Länge der Stangen nicht so wichtig. Achten sollte man hingegen auf die Blätter, die frisch, fest und wie ein Fächer nach oben stehen sollten. Sind diese abgeschnitten, dürfen die Schnittstellen nicht welk aussehen; Wurzelhaare müssen weiß sein, nicht bräunlich. Man kann Lauch etwa eine Woche im Kühlschrank aufbewahren, allerdings nicht in der Nähe von Äpfeln oder Tomaten, da diese ein Reifegas verströmen, das Lauch beeinträchtigt.

3 | ZUBEREITEN Wenn man den Gerichten ein nur zartes Knoblauch-aroma verleihen will, würzt man am besten mit Knoblauchöl. Da-für werden geschälte Knoblauchzehen mit Öl aufgemixt. Mit die-sem Öl kann man Gerichte fein abschmecken. An einem kühlen Ort, ideal ist eine gleichbleibende Temperatur von 7 °C, hält es sich 2–3 Tage. Besonders schmackhaft ist Lauch als Salat. Dafür wird er blanchiert, in der Pfanne angedünstet und mit Salz, Pfeffer, Essig und Öl mariniert.

4 | MISE EN PLACE Oft genügt es, wenn man beim Anrichten eine zar-te Knoblauchnote setzt. Dafür reicht etwas fein geschnittener Schnittlauch oder Schnittknoblauch.

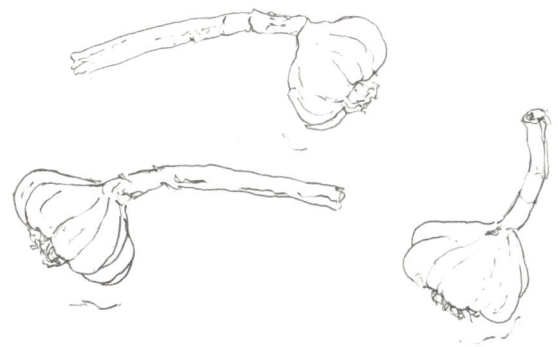

Kohlrabi

1 | GESCHMACK UND SEINE UMGEBUNG Kohlrabi ist das klassische Hochsommer-Gemüse und gehört zur Familie des Kohls, an den er geschmacklich vage erinnert. Neben dieser Note hat er einen leicht nussigen Geschmack. Eine spannende Kombination zu Kohlrabi finde ich Sauerrahm, Senf und Schnittlauch.

Kohlrabi passt sich gut an Fisch und Innereien wie Niere und Leber an, da das Kohlig-Erdige einen feinen Kontrast zu süßen Aromen bildet.

2 | EINKAUFEN UND LAGERN Einen guten Kohlrabi zu bekommen, ist sehr schwierig, weil er ein Geruchssauger ist und oft den Geruch des Düngers oder des Gemüsekartons annimmt. Sein Frischemerkmal sind die Blätter, die knackig und fest sein sollten. Die Knolle sollte nicht zu groß und nicht holzig oder aufgeplatzt sein, die Form ist kein Merkmal für die Qualität.

3 | ZUBEREITEN Junger Kohlrabi eignet sich gut für die rohe Zubereitung, ich mache davon beispielsweise einen Carpaccio mit einer Sauerrahm-Schnittlauch-Creme. Wollen Sie das Gericht mit sehr reifem Kohlrabi oder aus größeren Knollen zubereiten, würde ich sie kurz blanchieren. Oder ich fülle den gekochten und ausgehöhlten Kohlrabi mit Kartoffeln oder Fisch.

4 | MISE EN PLACE Kohlrabi ist der ideale Untergrund für einen schön drapierten Fisch. Diesen kann man auf einer feinen Scheibe Kohlrabi, die ich nur drei Minuten blanchiere, hübsch anrichten und vielleicht noch mit einem dunklen Tupf (etwa Vogerlsalat oder Bergkräutern) garnieren.

1 | GESCHMACK UND SEINE UMGEBUNG Kürbis ist in den letzten Jahren in allen Küchen ein richtiges Modegemüse geworden. Er besticht durch seine Sortenvielfalt, die auch optisch für abwechslungsreiche Verarbeitungsformen und Geschmacksrichtungen steht. Seine natürliche Süße verlockt vor allem zu pikanter und saurer Verbindung, aber auch mit etwas Schärfe ergänzt man diesen Geschmack sehr gut. Man kann Kürbis aber auch leicht säuerlich mit Zitrusfrüchten als Mostarda verarbeiten und zu Käse servieren oder einen wärmeren Geschmack in Kombination mit Gorgonzola kreieren. Von der italienischen Küche habe ich mich zur Kombination von Kürbis mit Amarettokeksen anregen lassen. Mediterraner wird er im Risotto oder als Nudelgericht mit Thymian, Salbei oder Rosmarin. Aber auch als Dessert mit Quitte oder Apfel kann man ihn unterschiedlich verpacken.

Ein Südtiroler Herbstfixpunkt ist die Kombination mit Kastanien, doch mir persönlich kommt der Kürbis dazu zu süß vor.

2 | EINKAUFEN UND LAGERN Wichtig ist, beim Kauf die Schale zu checken, denn nur unbeschädigt lässt sich der Kürbis länger lagern (bis zu einem Jahr), wobei er es kühl und dunkel haben möchte. Eine alte Bauernregel sagt, dass man ihn unbedingt in einem Holzregal oder -gefäß aufbewahren soll, da Metall oder Blech Fäulnis verursacht.

Klingt der Kürbis beim Klopfen hohl, dann ist er reif und hat sein volles Aroma.

Bei vorgeschnittenen Kürbisspalten achten Sie auf eine feste, glatte Schnittstelle. In Frischhaltefolie können Sie ihn auch einige Tage im Kühlschrank aufbewahren.

3 | ZUBEREITEN Es ist schwierig, einen Kürbis zu zerteilen, denn oft scheitert das Messer am harten Fruchtfleisch. Ein bewährter Trick ist, den Kürbis aus einer Höhe von etwa einem Meter auf den Boden fallen zu lassen, sodass er einen Riss bekommt, wo man dann mit dem Messer ansetzen kann. Wichtig ist es, die Samen und das fasrige Gewebe darum herum gut herauszukratzen. Ich koche Kürbis selten, sondern gare ihn hauptsächlich in Alufolie im Ofen bei 130–140 °C, weil er so weniger Wasser zieht und sein Aroma stärker entwickelt.

4 | MISE EN PLACE Eine herrliche Beilage ist Kürbis als Tartar, dafür schneide ich ihn würfelig und brate ihn nur ganz kurz ab. Verfeinern lässt er sich wunderbar mit Mandeln, Amarettokeksen und Käse, allerdings bin ich sehr vorsichtig und serviere ihn nur in wirklich kleinen Mengen, weil er auf dem Teller durch seine Süße und Mehligkeit immer ein sehr dominanter Botschafter ist, der stark am Gaumen haftet und seine Begleiter erdrückt.

Melanzane / Auberginen

1 | GESCHMACK UND SEINE UMGEBUNG Melanzane haben einen leicht bitteren Geschmack, den man durch die richtige Kombination gezielt einsetzen kann. Dann schmecken sie fast pilzig und sind sehr herzhaft. Neben der bewährten Salzmethode, um die Bitterstoffe zu entziehen, kann man Melanzane auch nach südländischer Tradition mit Zucker karamellisieren oder mit Schokolade kombinieren, um ihre süßliche Note herauszuarbeiten. Melanzane sind auch ein feiner Begleiter zu Fischgerichten.

2 | EINKAUFEN UND LAGERN Ich bin kein großer Fan der kleinen, runden Früchte, weil sie sehr musig sind und an der Pfanne kleben. Lieber verarbeite ich die länglichen, die etwas bitterer sind.
Sicher ist die glatte lila Haut ein Zeichen von Frische, außerdem kann man fühlen, ob die Frucht schön fest ist. Das heißt, bei Fingerdruck sollte das Fruchtfleisch nur leicht nachgeben.

3 | ZUBEREITEN Die früher so genannten Eierfrüchte bieten sehr unterschiedliche Verarbeitungsmöglichkeiten, mit denen man umgehen können muss. Das ist gar nicht so einfach: Man kann sie frittieren, panieren, einfach anbraten und pürieren. Dazu Melanzane in Scheiben schneiden und einsalzen, 30 Minuten rasten lassen, damit sie Wasser ziehen. Anschließend in Olivenöl anschwitzen und mit Sahne fein pürieren. Mit Salz und Pfeffer abschmecken. Mir schmecken Melanzane am besten, wenn sie in einer Teflonpfanne auf beiden Seiten gut angebraten und dann mit Knoblauchöl und Petersilie mariniert werden. Die so zubereiteten Melanzane kann man als Antipasto oder als Beilage zu Fleisch servieren.

4 | MISE EN PLACE Ein tolles vegetarisches Gericht sind Melanzaneschnitzel. Dafür Melanzane teils geschält (also einige Streifen Schale an der Melanzane zurücklassen) in Längsscheiben schneiden, mit Tomaten und Basilikum füllen und panieren. Zum Anrichten schneidet man sie in Hälften, setzt sie auf einen Tomatenspiegel und schmückt sie mit Kräutern.

Rohnen / Rote Beete

1 | GESCHMACK UND SEINE UMGEBUNG Rohnen sind die Modefrucht der gehobenen Küche. Zum süß-säuerlichen Aroma von Rohnen passen intensive Gewürze wie Anis, Kreuzkümmel und Dill. Kren – zum Beispiel in einer Krenmousse – bildet einen guten Kontrast zum erdigen Geschmack. Herrlich ergänzen kann man das Wintergemüse mit würzigem Ziegenkäse.

Es gibt zwar verschiedenfarbige Rohnen-Sorten (weiße, gelbe, Ringelbete etc.), die Unterschiede sind aber geschmacklich kaum wahrnehmbar.

2 | EINKAUFEN UND LAGERN Beim Kauf von Rohnen muss man unbedingt darauf achten, dass man pralle, kleine Knollen bekommt. Große Exemplare sind manchmal holzig. Rohnen können generell sehr lange an einem kühlen, dunklen und trockenen Ort gelagert werden.

3 | ZUBEREITEN Gekocht werden Rohnen immer mit Schale, da sie sonst ausbluten und grau werden. Zum Schälen zieht man am besten Gummihandschuhe an und bindet eine Schürze um, denn die Farbe ist sehr intensiv und Flecken lassen sich nicht so leicht wieder entfernen. Den Saft kann man deshalb auch gut zum Färben von Nudelteig oder Ostereiern nehmen. Will man Rohnen konservieren, sollte man sie mit Wacholderbeeren, Lorbeer und Weinessig – salzen und pfeffern nicht vergessen – einlegen und einwecken. Zum Einfrieren eignen sich Rohnen nicht.

Damit die Farben beim Kochen nicht verschwinden, sollte man die verschiedenen Sorten immer getrennt garen. Bei der dekorativen Ringelbete nutzt das jedoch nichts. Um die interessante Musterung zu erhalten, muss man sie trocknen. Dazu schneidet man die weiß-rot-gestreifte Bete in dünne Scheiben und lässt die Chips im Dörrapparat trocknen. Das funktioniert auch im Backofen bei niedriger Hitze (ungefähr 50 °C), dauert aber sehr lange. Sehr aromatisch werden Rohnen, wenn sie in Alufolie eingewickelt auf einem Salzbett bei 150 °C im Backofen gegart werden.

4 | MISE EN PLACE Rohnen bringen nicht nur Farbe auf jeden Teller, sondern sind auch ein guter Begleiter von Zander oder anderen Fischen. Vertiefen und ergänzen kann man die Knolle, indem man vor dem Servieren fein gehackte Blätter darüberstreut.

1 | GESCHMACK UND SEINE UMGEBUNG Rosenkohl ist ein starkes Wintergemüse, zwar klein in der Optik, aber intensiv im Geschmack. Sein bitteres Aroma neigt dazu, sich deutlich von anderen Speisen abzusetzen. Ich verarbeite ihn gern in winterlichen, wärmenden Kombinationen. Kartoffeln, Speck oder Hackfleisch und geröstete Mandeln sind ideale Partner. Auch Schweinefleisch passt herrlich dazu, weil Rosenkohl ein Lieblingsgemüse des Schweins ist und ich die Kombination von Tier und seinem Futter sehr schätze.

2 | EINKAUFEN UND LAGERN Am besten schmeckt Rosenkohl, wenn er nach dem ersten Frost geerntet wird, denn dann steigt der Zuckergehalt, der Kohl schmeckt milder (nicht so streng nach Kohl) und er wird bekömmlicher. Beim Einkauf muss man darauf achten, dass die Köpfchen klein, fest und hellgrün sind. Gelbe Blätter oder braune Flecken zeigen, dass es mit der Frische nicht weit her ist. Außerdem schmecken große, alte Rosenkohlröschen bitter und riechen beim Kochen sehr stark nach Kohl. Rosenkohl ist im Kühlschrank nicht lange haltbar.

3 | ZUBEREITEN Vor dem Kochen entfernt man die äußeren Blätter und schneidet den Strunk kreuzweise ein, da sich so die Garzeit verringert und der Rosenkohl gleichmäßig gart.

4 | MISE EN PLACE Man kann Rosenkohl auch füllen und gratinieren. Dazu höhle ich die kleinen Köpfchen mit einem Parisienne-Ausstecher von oben – also nicht vom Strunk her – aus. Dann fülle ich vorsichtig etwas Hackfleisch, fein geschnittenes Selchkarree oder Räucherfisch ein, bestreue die Röschen mit Käse und überbacke sie im Backofen.

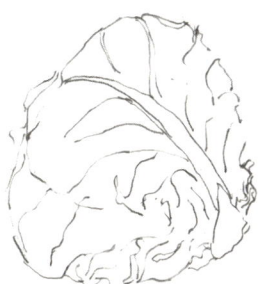

Spargel

1 | GESCHMACK UND SEINE UMGEBUNG Spargel solo ist herausragend im Geschmack, weshalb er wenig Begleitung für einen großen Auftritt braucht. Da Spargel das erste Gemüse des Jahres ist, lässt er sich gut mit anderen Frühlingsboten wie Kresse, Bärlauch oder Löwenzahn kombinieren. In Südtirol wird Spargel klassisch mit Bozner Sauce serviert. Dafür zerdrücken Sie von einem hart gekochten Ei das Eigelb mit ein bisschen Öl und Essig, hacken das harte Eiweiß, verrühren alles mit Schnittlauch und schmecken mit Salz und Pfeffer ab. Entstanden ist dieser Begleiter in Terlan, wo die Bozner Gäste immer ein gesäuertes Ei zu ihrem Spargel bestellten. Die Wirtin servierte Ei in Scheiben geschnitten mit Essig und Öl und die Männer verrührten alles miteinander. Irgendwann wurde dann daraus die Bozner Sauce. Bozner Sauce, die mit Mayonnaise hergestellt wird, hat mit dem Original nichts zu tun.

2 | EINKAUFEN UND LAGERN Terlaner Spargel hat in Südtirol von Anfang April bis Ende Mai Saison. Frisch ist er, wenn er glänzt, seine Köpfe fest geschlossen sind und er sich nicht biegen lässt. Doch das wird man im Geschäft kaum ausprobieren können. Dennoch sollte man sich trauen, die Stangen vor dem Kauf aneinander zu reiben oder den Gemüsehändler darum bitten. Wenn es quietscht – „gratscht", wie wir Südtiroler sagen – und der Anschnitt feucht, sauber und ohne Risse ist, dann ist das königliche Gemüse frisch. Eingeschlagen in ein feuchtes Tuch, kann man Spargel noch 2–3 Tage bis zur Weiterverarbeitung bei 5–6 °C im Kühlschrank lagern. Allerdings sollte man bedenken, dass sich durch die Lagerung die Bitterstoffe verstärken.

3 | ZUBEREITEN Wer den bitteren Geschmack von weißem Spargel nicht so mag, der kann grünen Spargel verwenden oder weißen und grünen gemeinsam servieren. Spargel wird etwas lieblicher, wenn man ihn sorgfältig schält und beispielsweise Zucker, Brot oder Butter ins Kochwasser gibt. Ich wasche weißen Spargel nach dem Schälen nochmals mit lauwarmem Wasser, auch dadurch werden die Bitterstoffe abgemildert. Spargel sollte „kochfrisch" gegessen werden, liegt er zu lange im Wasser, verwässert er und wird latschig.

Wenn man Spargelkochwasser sehr stark einreduziert, mit Olivenöl und etwas Zitronensaft aufschlägt, mit Salz und Pfeffer ab-
schmeckt und über den gekochten Spargel träufelt, hat man bei
einer guten Qualität schon einen wunderbaren Begleiter zu Fisch
oder einer leichten Vorspeise.

Spargel eignet sich auch gut zum Füllen von Nudelteig, beispielsweise in Ravioli. Dafür muss man ihn aber auf jeden Fall mithilfe
eines Küchentuchs vom Wasser befreien, sonst hält kein Teig. Die
Fülle kann man sehr gut mit Mascarpone ergänzen und mit etwas
Bärlauch oder Basilikum abschmecken.

4 | MISE EN PLACE Für einen aromatischen Salat kann man feinwürfe-
lig geschnittenen Spargel mit etwas Salz und Olivenöl marinieren
und als eine Art Vinaigrette über den gekochten, noch lauwarmen
Spargel gießen. So bekommt man einen besonders intensiven
Geschmack. Ganz herrlich schmeckt panierter, gebackener Spargel, wenn man ihm mit Frischkäse eine köstliche Note verleiht
und ihn mit Chicorée und Vogerlsalat garniert.

Spinat / Mangold

1 | GESCHMACK UND SEINE UMGEBUNG Spinat hat einen metallischen, leicht bitteren Geschmack, den man durch Blanchieren mildern kann. Mangold wird des Öfteren als falscher Spinat serviert, er ist aber würziger und nussiger im Geschmack. Herrlich zu Spinat passen Milchprodukte wie Topfen und Käse. Bei Topfennocken mit Schnittspinat und Spinatcreme habe ich wieder zwei Konsistenzen desselben Gemüses: eine für den intensiven Gemüsegeschmack und eine für die Frische und Cremigkeit. In Ravioli und in Käseflan ist Spinat weithin bekannt. Wozu Spinat noch sehr gut passt, ist Fisch, aus der italienischen Küche kennen wir außerdem die Kombination Spinat mit Pignoli und Sultaninen.

2 | EINKAUFEN UND LAGERN Spinat sollte nach der Ernte nicht zu lang gelagert werden, er hält sich, in ein feuchtes Tuch eingeschlagen oder in einem verschlossenen Plastikbehälter, einige Tage. Vorher sollte er gründlich gewaschen werden. Die harten Stiele entfernt man, da sie eine andere Garzeit haben als die Blätter.

Es gibt Mangold mit gelben, weißen und roten Stielen. Als Rohprodukt sind die Varianten wunderschön, aber beim Kochen verlieren sie die Farbe. Es hat also wenig Sinn, sie zu kombinieren, weshalb dieses Gemüse für mich wenig Reiz hat.

3 | ZUBEREITEN Ich blanchiere Spinat nur, wenn ich ihn für Suppen, Füllungen, Cremes oder Farcen benutze. Sonst schwitze ich ihn nur in Olivenöl an und serviere ihn zum Beispiel als Beilage zu Fisch. Besonders gern mag ich es, wenn roher und gekochter Spinat gemeinsam serviert werden, etwas als Salat und Sauce zu einem Käseflan.

Wenn Mangold sehr jung ist, kann man ihn roh als Salat essen. Für einen Mangoldsalat mariniere ich die Blätter mit Salz, Pfeffer, Essig und Öl und vermische sie mit Würfeln eines gereiften Käses. Bei der Zubereitung sollte man Blätter und Stiele getrennt zubereiten, da sie eine unterschiedliche Garzeit haben. Die Stiele lassen sich prima panieren und in Öl ausbacken. Die Blätter eignen sich auch zum Einwickeln von Fisch und Fleisch.

4 | MISE EN PLACE Wichtig ist, dass das blanchierte grüne Gemüse in Eiswasser abgeschreckt wird. Für eine Suppe oder Sauce blanchiere ich den Spinat. Dann gieße ich ihn mit Sahne und Gemüsefond auf, verfeinere ihn mit Butter, mixe ihn auf und zum Schluss füge ich noch etwas frischen Spinat bei. Dann koche ich die Suppe noch einmal kurz auf und passiere sie durch ein Sieb. Auf diese Weise bleibt die Farbe herrlich grün. Allerdings darf man nicht zu viel frisches Gemüse verwenden – zu 1 kg blanchiertem Spinat nimmt man ungefähr 100 g rohen Spinat –, sonst bekommt die Suppe ein grasiges Aroma.

Ungewöhnlich ist Spinat-Millefoglie: Dafür kombiniere ich Kartoffelchips und marinierte Spinatstreifen mit etwas Zwiebel und Olivenöl.

Wurzelgemüse

1 | GESCHMACK UND SEINE UMGEBUNG Unter diesem Begriff fasse ich die für meine heimatliche Küche vor allem im Winter so wichtigen Wurzeln von Karotte, Sellerie, Pastinake, Peterswurz, Topinambur, Bodenkohlrabi, Kletterwurz und Knollenziest zusammen. Sie alle haben einen hohen Zuckeranteil und dadurch einen sehr süßen und erdigen Geschmack, wobei man sie natürlich nicht alle über einen aromatischen Kamm scheren darf. Die Karotte ist sicher neutraler als die Pastinake oder die Peterswurz, die allein durch etwas Pfeffer schon sehr aromatisch ist. Sie passen sehr gut zu starken Geschmackspartnern wie Fisch, Wild und Lamm. Ein klassisches winterliches Gericht ist mein Wurzeleintopf mit Zwiebel-Ravioli.

2 | EINKAUFEN UND LAGERN Beim Kauf empfiehlt es sich vor allem, kleine und mittelgroße Wurzeln zu nehmen, um der Gefahr vorzubeugen, holziges Gemüse zu erwischen.

Als Faustregel für die Lagerung von Wurzelgemüse gilt: dunkel und kühl. Das heißt, die Knollen bleiben im 5–6 °C kühlen Keller besonders frisch. Früher hat man Karotten und Co. in sogenannten Erdmieten für den Winter eingelagert: Einwandfreie Exemplare wurden zusammen mit Sand, Torf oder Stroh in doppelwandige Holzkisten geschichtet. Auf diese Weise blieben sie, vor Licht und Kälte geschützt, monatelang haltbar. Im eigenen Garten kann

man zum Beispiel Karotten gut in einem mit Stroh ausgekleideten, abgedeckten Erdloch über den Winter bringen oder man schichtet sie abwechselnd mit etwas angefeuchtetem Sand in ein mit Folie ausgekleidetes Gefäß.

Gerade bei den Wurzelgemüsen gibt es in den letzten Jahren einen starken Trend zur Wiederbelebung alter Sorten, etwa die lila Urmöhre Purple Haze, die Zuckerwurz, die der Vorgänger der Kartoffel in Europa war, die Blatterbse, der bäuerliche Eiweißlieferant im Winter, oder die Erdmandel, die früher sogar zu Kaffee verarbeitet wurde. Diesen Trend kann man sich gut für so manchen besonderen Clou in einem einfachen Gericht zunutze machen.

3 | ZUBEREITEN Wenn Sie die Gemüse miteinander garen wollen, ist es wichtig, dass Sie alle etwa in die gleiche Größe bringen. Ich versuche, sie nicht immer zu kochen oder zu blanchieren, ich brate sie in der Pfanne mit wenig Fett und kaum Flüssigkeit ca. 15 Minuten und serviere sie al dente.

4 | MISE EN PLACE Die Vielfalt ist hier auch wegen der Optik sehr erfreulich. Da der Winter keine Farben für den Teller liefert, sind die Wurzelgemüse sehr wichtige Farblieferanten.

Zucchini

1 | GESCHMACK UND SEINE UMGEBUNG Zucchini sind neben Melanzane und Tomaten das klassische mediterrane Gemüse, das sich mit den Aromen und Zubereitungen der italienischen Küche variieren lässt. Ob Ziegenkäse, Lamm, Fisch, Rosmarin, Thymian und Knoblauch – mit all diesen Varianten lässt sich sein süßlich milder Geschmack verbinden.

2 | EINKAUFEN UND LAGERN Bei den Zucchini gibt es wie bei ihrem großen Verwandten, dem Kürbis, eine bemerkenswerte Sortenvielfalt: grüne, gelbe, längliche, runde. Wobei die Farbe eher fürs Auge als für den Geschmack einen Unterschied macht. Als besonders wohlschmeckend gelten kleine Zucchini. Die Haut der Zucchini sollte in Ordnung sein, damit sie nicht faulen. Wenn das Fruchtfleisch auf Druck hin nachgibt, lässt man sie besser liegen.

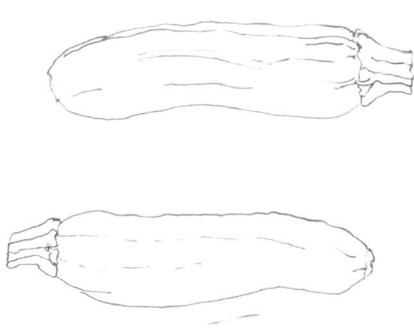

3 | ZUBEREITEN Die Einsatzmöglichkeiten von Zucchini sind nahezu unbegrenzt: ob als Püree (in Scheiben schneiden, einsalzen und ungefähr 30 Minuten stehen lassen, dann kurz anbraten, ohne dass das Fruchtfleisch Farbe annimmt, im Mixer pürieren: fertig), als Salat oder in Paniermehl herausgebacken. In Verbindung mit Ziegen- und Kuhmilchprodukten lassen sich viele Varianten finden.

4 | MISE EN PLACE Eine besonders hübsche Frühsommer-Vorspeise bereiten Sie mit Zucchiniblüten, die Sie mit Topfen oder Hackfleisch füllen und in Gemüsesud oder im Dampfgarer ziehen lassen. Rustikal angerichtet, können Sie auch eine Roulade mit der Länge nach geschnittenen Zucchinischeiben und Speck zaubern, die Sie auf einem Salatbouquet anrichten. Mit Schalen von verschiedenfarbigen Zucchini – etwas Zucchinischale abschälen und fein hacken wie Kräuter – lässt sich nicht nur der Geschmack vertiefen, auch die Augen haben ihre Freude daran.

Zwiebeln

1 | GESCHMACK UND SEINE UMGEBUNG Zwiebeln sind die Basiswürze der Küche. Roh geben sie einen kräftigen Geschmack, den man durch Verwendung von Frühlingszwiebeln und Schalotten etwas mildern kann. In meiner Küche verarbeite ich Zwiebeln vor allem geschmort, um beim Kochen ein gutes Gesamtaroma zu bekommen, ohne den starken Geschmack zu sehr herauszuholen. Eine gewitzte Idee habe ich von den Bauern übernommen, die früher Zwiebeln karamellisierten und sie den Kindern als Hustenzuckerl gaben. Ich garniere Senfrisotto mit karamellisierten Zwiebeln.

2 | EINKAUFEN UND LAGERN Bei frischen Zwiebeln raschelt die Schale, wenn man an ihr reibt. Bei alten Exemplaren liegt die bereits ausgetrocknete Schale eng an und lässt sich nicht hin und her schieben. Den typischen Zwiebelgeschmack haben diese Zwiebeln verloren. Keimende, schon austreibende Zwiebeln sollte man nicht mehr verwenden. In einem kühlen, dunklen Raum können Zwiebeln und Schalotten lange Zeit gelagert werden.

3 | ZUBEREITEN Ich benutze in meiner Küche zum Verfeinern immer geschmorte Zwiebeln. Man kann sie einfach auf Vorrat herstellen und gut dosieren. Für die geschmorten Zwiebeln schneide ich eine mittelgroße Zwiebel in kleine Würfel und köchle sie bei mittlerer Hitze eine halbe Stunde in Olivenöl und Butter, ohne dass sie bräunen. Wichtig ist, dass die Würfel nicht zu groß und vor allem gleichmäßig geschnitten werden, weil sie sonst fermentieren und bitter werden. Anschließend gieße ich das Öl ab und lasse die geschmorten Zwiebeln abkühlen. Im Kühlschrank halten sie sich – in einem Glas mit Schraubdeckel – ungefähr eine Woche.

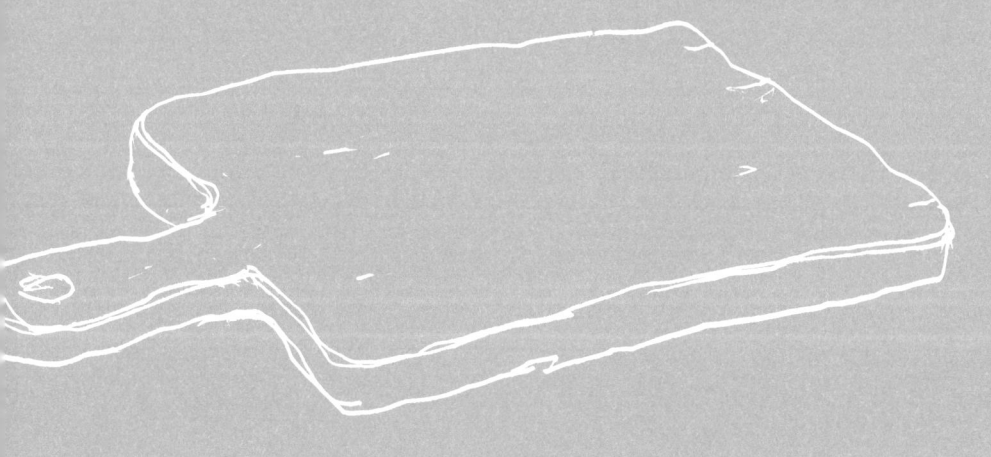

Fisch / Fleisch

Fisch
Kalb
Lamm
Speck
Wild

Fisch

1 | GESCHMACK UND SEINE UMGEBUNG Die häufigsten Zuchtfische in Südtirol sind Forelle, Saibling und Zander. Bach- und Seesaibling haben ein feines, festes, schmackhaftes Fleisch, wobei das des Seesaiblings lachsfarben ist und einen mineralischen Eigengeschmack hat. Er ist wie die Forelle ein guter Kombinationspartner, der sich für verschiedene Marinaden und Zubereitungsformen eignet.

2 | EINKAUFEN UND LAGERN Idealerweise kauft man Fisch beim Züchter, auf jeden Fall achten Sie aber auf die Frischemerkmale: klare Augen, glänzende Haut und anliegende Schuppen, hellrote Kiemen sowie festes, elastisches Fleisch. Frischer Fisch riecht nie unangenehm nach Fisch. Ich kaufe lieber ganze Fische, da ich dabei die Frische besser beurteilen kann. Außerdem verwende ich die beim Filetieren anfallenden Reste für einen Fischfond. Das untrüglichste Merkmal für Frische ist die Leichenstarre, die sieben Stunden anhält.

Spätestens beim Braten wissen Sie, ob Sie frischen Fisch bekommen haben, wenn sich die Haut rollt. Bei nicht ganz frischen bleibt sie flach und wird nicht knusprig. Auch wenn viele unserer Fische aus Züchtungen kommen, gibt es bei Tieren Saisonen, in denen sie von unseren Vorfahren traditionell gefangen wurden und also fangreif waren. Zander kaufe ich nur in der kalten Jahreszeit, denn es gilt: Je kälter das Wasser, desto besser der Fisch.

In der mediterranen Küche haben auch Vongole ihren festen Platz. Damit ich mir zum Beispiel eine Fischsuppe nicht durch sandgefüllte Muschelschalen verderbe, habe ich einen Trick: Ich werfe sie beim Waschen hoch. Die geschlossenen bleiben zu, die sandgefüllten brechen auch.

3 | ZUBEREITEN Fisch sollte nie vor der Zubereitung mit Zitronensaft beträufelt werden, denn spätestens nach fünf Minuten ist ein so behandelter Zander weiß. Man nennt den Vorgang auch „kalt kochen", denn durch die Säure wird das Fischeiweiß zerstört. Will man den Fisch anschließend braten, zerfällt er in der Pfanne. Bei rohen Fischgerichten – beispielsweise Carpaccio – ist ein weiß gewordener Fisch nicht nur unschön, sondern auch geschmacklich nicht mehr harmonisch. Marinaden mit Säure – Zitrone oder Essig – daher immer erst kurz vor dem Servieren über den rohen Fisch geben. Fisch und all seine Zutaten müssen immer eisgekühlt verarbeitet werden. Ich brate den Fisch auf der Hautseite so lange an, bis die Haut schön knusprig ist. Dann drehe ich den Fisch auf die Fleischseite, und in der Resthitze der Pfanne gart der Fisch perfekt.

4 | MISE EN PLACE Ein Gericht, das etwas Fingerspitzengefühl erfordert, ist Fisch-Cordon-bleu. Dafür schneide ich von den Filets (gut eignet sich Zander) nochmals sehr dünne Scheiben ab (wie für einen Carpaccio). Diese lege ich ziegelartig übereinander und klopfe sie mit dem Rücken eines Messers gleichmäßig fest zusammen. So verschmelzen die Fisch-Poren und ich bekomme größere Scheiben, die ich gut füllen kann. Auf eine Hälfte kann man dann gut die Fülle (z. B. Lauch) streichen, die Scheibe darüberklappen und die Poren am Rand wieder mit dem Messer zusammenklopfen. Nun können die Cordon bleus mit Mehl, Ei und zum Beispiel Schüttelbrot-Bröseln oder einfach Paniermehl paniert werden. Dann ganz normal herausbacken und auf einem Küchentuch abtropfen lassen. Danach in Hälften schneiden und beide Teile anrichten.

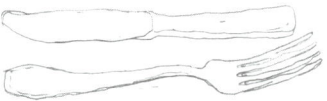

1 | GESCHMACK UND SEINE UMGEBUNG Kalbfleisch ist ein edles Produkt und schon traditionell als Bestandteil jedes besonderen Gerichts eingeführt und somit natürlich in der feinen Küche etabliert. Es ist fettarm, hat eine spannende Textur und lässt sich vielfältig verarbeiten. Am Geschmack erkennt man schon deutlich die Herkunft bzw. die Schlachtung eines Tieres: Ein Tier aus artgerechter Haltung hat ein liebliches Aroma, Tiere aus Massenzüchtungen schmecken eher herb bis bitter.

Sehr vielfältige Kombinationen haben sich bereits als Klassiker der Kalbfleischzubereitung etabliert: Wiener Schnitzel, Vitello tonnato oder Saltimbocca alla Romana sind nur einige der recht unterschiedlichen Geschmacksrichtungen. Ich kombiniere Kalb gern mit eher lauten Geschmäckern wie Pilzen, Sellerie oder Senf.

2 | EINKAUFEN UND LAGERN Kalbfleisch ist für mich der Inbegriff eines ganzheitlichen Produkts, von dem ich nahezu jedes Stück für meine Gäste zubereiten kann. Ich verwende in meiner Küche viele Teile vom Kalb, auch weil ich die verschiedenartigen Texturen liebe, die unterschiedlichen Garzeiten schätze und den Variantenreichtum der möglichen Beilagenpartner anregend finde.

Dunkleres Fleisch stammt von Kälbern, die auf der Weide gehalten worden sind, und ist schmackhafter als sehr helles. Ausnahme: das Fleisch von Milchkälbern, also von Tieren, die ausschließlich mit Milch aufgezogen wurden. Es hat eine blassrosa Farbe und gilt als die beste Qualität.

3 | ZUBEREITEN Kalbfleisch ist sehr zart. Damit es nicht trocken wird, sollte es immer sehr schonend gegart werden. Vieles von dem, was ich hier als Tipps zum Kalbfleisch gebe, gilt natürlich auch für Rindfleisch, das ich aber kaum verwende, weil unser Lokal nicht so groß ist, dass wir ein ganzes Tier verarbeiten könnten.

Generell ist Kalbfleisch zarter als Rindfleisch, da bei Kälbern das Bindegewebe noch weich ist. Ich verwerte sämtliche Innereien, etwa das Bries, das, gut gewässert, in Olivenöl und Butter gebraten und mit etwas Artischockensalat, eine reine Freude ist, oder die Nieren, die ich mit ein bisschen Senfsauce und Kohlrabi begleite. Die Innereien des Rinds hingegen eignen sich nicht für die Verarbeitung. Aus der gekochten Wange bereite ich einen Fleischsalat, den ich mit Senf oder Kren betone, oder ich schmore sie in Lagrein und serviere sie mit Püree oder Polenta.

4 | MISE EN PLACE Zu meiner Überzeugung des nachhaltigen Kochens gehört auch, dass ich verschiedene Teile des Tieres im Wechselspiel miteinander kombiniere. Wenn der Hauptbestandteil des Gerichts aus Rückenfleisch besteht, passt gut eine Begleitung vom Bries, zur Haxe kombiniere ich einen Salat vom Beuscherl. Dafür schneide ich Lunge und Herz fein auf. Dann wird es in der Pfanne in Olivenöl mit Lorbeerblättern, Wacholderbeeren, Sellerie und Zwiebeln angeschwitzt. Nach dem Abkühlen wird es mit Essig, Olivenöl und ein paar Kräutern auf einem Bouquet aus Frisée-, Eisbergsalat und Rucola mit Kartoffelchips angerichet.

Obligatorisch in der italienischen Küche sind Kutteln, die ich auf zwei verschiedene Arten serviere: Ich koche den Krause- oder Blättermagen (die haben einen schönen Biss), dann werden Zwiebeln, Knoblauch, Zucchini, Karotten und grüner Sellerie ganz fein in Streifen geschnitten und in Olivenöl ansautiert. Kutteln und Gemüse vermenge ich nach dem Erkalten, schmecke sie mit Salz und Pfeffer ab und garniere sie mit Salat.

Für Champagner- oder Sektkutteln kann man dieselben Gemüse anrösten, die Kutteln dazugeben, mit Sekt aufgießen und etwas Sahne dazugeben. Wenn die Flüssigkeit einreduziert ist, serviere ich die Kutteln auch einmal mit Kartoffelflan oder mit Kalbsleberflan.

1 | GESCHMACK UND SEINE UMGEBUNG Der unverdient schlechte Ruf von Lammfleisch kommt nur aus einer falschen Behandlung beim Schlachten. Lamm hat nicht nur ein tolles Aroma, es ist vor allem ein Tier, das sehr viele verschiedene Fleisch- und Verarbeitungsteile liefert. So verkörpert es wie das Kalb ein ideales Produkt für meine Auffassung von einer ganzheitlichen Küche:

Die Schulter wird mit dem Knochen auf Wurzelgemüse bei 130 °C zwei Stunden im Backofen gegart, dabei bildet sich ein herrlicher Bratensaft.

Keule und Karree sind die Teile, die klassisch für kurz Gebratenes verwendet werden. Zum Kräuter- und Grasfresser Schaf sind natürlich alle erdigen, süßlichen Gemüse wie Wurzelgemüse (Erdmandel, Knollenziest, Sellerie etc.) sowie Kräuter ideale Kombinationspartner. Wir servieren diese kurzgebraten und als Püree dazu, z. B. von der Petersilwurzel oder Pastinake.

2 | EINKAUFEN UND LAGERN Es gibt sehr viele Schafrassen wie Brillenschaf, Sterzinger Schaf, Sarner Schaf, Weideschaf und viele, viele mehr. Sie unterscheiden sich in der Art des Gewebes, aber auch im Aroma können sie eher herber, süßlicher oder nicht so stark sein. Hier empfiehlt sich wieder, die Wahl des Gerichts mit dem Angebot Ihres Metzgers oder Bauern abzustimmen.

Für den Einkauf sollten Sie folgende Kriterien beachten:

Das Schaf darf nicht nach Stall stinken, andernfalls war der Stall nicht sauber.

Das Schaf sollte nicht brunftig sein, wenn es geschlachtet wird, sonst bekommt es den ihm oft nachgesagten intensiven Geruch.

Nachdem das Tier auf der Alm war, sollte es mindestens drei Wochen im Tal leben, bevor es geschlachtet wird. Erst wenn sich der Stoffwechsel umgestellt hat, entfaltet das Fleisch wieder sein feines Aroma.

3 | ZUBEREITEN Nach dem Schlachten sollte ein beispielsweise 10–12 kg schweres Tier drei bis vier Wochen vakuumiert reifen. Vor dem Verarbeiten, wie immer bei vakuumierter Ware, das Fleisch ein paar Stunden akklimatisieren lassen.

4 | MISE EN PLACE Wir gratinieren Lamm auch sehr gerne, indem wir eine Kruste aus entweder Zwiebeln und Oliven oder Zwiebeln und Thymian oder Schafskäse und Rosmarin bereiten.

Aus geschmorten oder gebratenen Rippen und Hals, die ich auslöse, mache ich gerne eine Farce für Ravioli, dazu passt Zwiebel-Thymian-Butter.

Herz und Lunge ergeben ein vorzügliches Lammbeuschel.

Speck

1 | GESCHMACK UND SEINE UMGEBUNG Speck ist unnachahmlich würzig aromatisch, wobei man die Schärfe des Nachgeschmacks durch Entfernen der Kruste etwas zurücknehmen kann. Er ist in unserer alpinen Küche der bewährte Partner von Kartoffeln, Knödeln und Nudeln, kann aber raffiniert die Süße in Kombinationen mit Apfel, Birne oder Wurzelgemüse (Pastinake, Knollenziest) hervorheben. Man kann sogar mit Speckunterstützung den bitteren Geschmack zum Beispiel von Radicchio mildern.

2 | EINKAUFEN UND LAGERN Speck lagert man am besten im Keller bei 5–6 °C. Wenn Sie diese Möglichkeit nicht haben, wickeln Sie ihn in ein feuchtes Tuch und legen ihn in den Kühlschrank. So wird er nicht durch die Einflüsse der anderen Kühlprodukte beeinflusst und lässt sich auch am besten konservieren. Sollte er trotzdem Schimmel ansetzen, bürsten Sie diesen von der Kruste oder schneiden Sie die Kruste einfach weg.

3 | ZUBEREITEN Wenn Sie einen ganzen Speck bekommen, schneiden Sie ihn am besten in der Hälfte durch und halbieren diese nochmals, um ihn als Viertel weiterzuverarbeiten. Dann entfernen Sie die Schwarte, versuchen Sie aber, dabei möglichst wenig Fett mitzuschneiden. Ob Sie die Kruste entfernen, hängt davon ab, ob Sie ein stärkeres Raucharoma möchten oder ein eher mildes Aroma. Sie können Speck in feine Scheiben schneiden und als Röschen

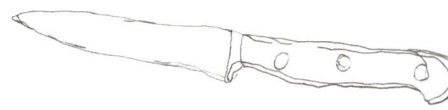

servieren oder Sie schneiden vom Speck feine Streifen ab. Wichtig ist, dass Sie mit einem scharfen, glatten Messer und nicht mit einem zackigen Messer arbeiten, da die Zacken die Textur des Fleisches zerstören und das Geschmackserlebnis beim Kauen verloren geht, weshalb auch die Brotschneidemaschine keine Hilfe bietet.

4 | MISE EN PLACE Das Wichtigste beim Servieren von Speck ist seine Temperatur. Das bedeutet, er sollte beim Servieren mindestens 10–18 °C haben und auch nicht gekocht werden. Wenn Sie Speck aus der Vakuumverpackung nehmen, lassen Sie ihn mindestens drei Stunden atmen, bevor Sie ihn genießen. Am besten erwärmt man Speck durch die Wärme der Speisen, die man mit ihm serviert. Also Suppe oder Nudeln warm in die Teller geben und den zimmerwarmen Speck darüberstreuen oder -legen, so kommt er auch lauwarm auf den Tisch.

Ein raffinierter Salat ist mein Knödelsalat, für den ich Serviettenknödel in feine Scheiben schneide und abwechselnd mit Speckscheiben und Frisée- oder Vogerlsalat anrichte.

Auf meiner sogenannten Speckplatte wird das Südtiroler Aushängeschild in vier Varianten serviert: im Tartar wird der fein gewürfelte Speck mit gedünsteten, fein geschnittenen (in der gleichen Größe wie der Speck) Kartoffeln vermengt, aber nicht mehr weitergekocht. Als Salat in feinen Streifen wie der Sellerie, als Carpaccio zu Pilzen und als Roulade mit Zucchini.

Auch wenn die Italiener Wild sehr schätzen, kommt unsere Wildküche eher aus der alpinen Tradition. Wildfleisch hat einen erdigen, nussigen Geschmack, es sollte aber auf keinen Fall moosig schmecken, weil das ein Zeichen für falsche Lagerung ist. Am besten lässt sich Wild mit seinem Futter und anderen Waldbewohnern kombinieren, also Pilzen wie Pfifferlingen oder mit Kastanien. Auch süße Kombinationen mit Apfel-Rosmarin, karamellisierten Apfelscheiben oder angebratenen Chicorée passen sehr gut. Ganz wunderbar ist Wild mit Kürbis.

Ich mag Wild sehr gerne in kräftigen Saucen: Aus Knochen kocht man zusammen mit Wurzelgemüse einen kräftigen Fond, der dann, mit Rotwein einreduziert, eine samtige Soße ergibt. Das Fleisch kann man nach dem Braten sehr gut mit geriebener (Bitter-)Schokolade und grünem Pfeffer würzen.

Hervorragend schmeckt auch eine Rotwein-Zwetschke als Beilage, die die beiden Komponenten Süß und Wein vereint. Als Beilage beispielsweise zu Rehpfeffer bietet sich eine körnige Polenta an.

In der klassischen Küche wird Wild mit Blaukraut und Spätzle kombiniert, das kommt in meiner Küche allerdings nicht vor.

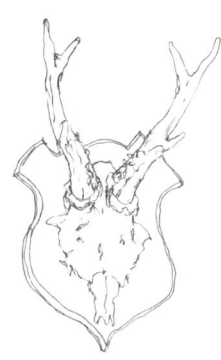

2 | EINKAUFEN UND LAGERN Auch wenn man so manches Geflügel wie Fasan oder Rebhuhn als Wild definiert, reizen mich diese Zuchttiere nicht so sehr. Vom Gehege bekommt man natürlich das ganze Jahr über Wild zu kaufen. Ich arbeite lieber mit Tieren aus der Natur, die bei einer Jagd erlegt wurden.

Die Jagd- und somit Wildbretsaison wird deshalb bei uns mit dem Maibock eröffnet. Seine Qualität ist zwar nicht hervorragend, da er durch das Darben des Winters noch nicht so reichhaltig schmeckt, aber er hat den Vorzug, dass die Zeit des Wartens endlich vorbei ist. Den besten Hirsch bekommt man im Herbst, wenn das Tier sich an den Wiesen satt gefressen hat und ein herrliches Sommeraroma in seinem Fleisch zu schmecken ist. Da bis Dezember gejagt wird, habe ich mit der Nachreifung bis Januar Wild auf der Speisekarte.

Achten Sie darauf, dass ihr Jäger bald nach der Feier seines Abschusses ihr Wild liefert. Liegt es zu lange im Auto, bildet das Fleisch durch die Wärme einen Säuremantel. Wichtig ist auch, dass die Innereien sofort nach dem Schuss herausgenommen wurden. Im Idealfall lagert man Wild drei bis vier Wochen ab, bevor man es verkocht

Wildbret hat ein sehr mageres und zartes Fleisch. Beim Einkauf beim Metzger erkennt man eine gute Fleischreifung am frischen, aromatischen und leicht säuerlichen Geruch. Das Fleisch darf nicht schwarz aussehen oder unangenehm riechen.

Hirsch und Reh unterscheiden sich hauptsächlich in der Fleischstruktur, das Rehgewebe ist zarter. Eine kulinarische Herausforderung stellt das Gamswild dar, das auch im Aroma etwas schwieriger ist. Man bekommt es auch sehr selten.

3 | ZUBEREITEN Wild kann man sehr vielfältig zubereiten. In meiner Küche verarbeite ich das Fleisch eher kurz gebraten und saftig, da ich die Erfahrung gemacht habe, dass beim langen Braten gerade Reh sehr schnell trocken wird.

Ich verarbeite von Hirsch und Reh nur Karree und Schenkel. Man kann natürlich auch die Schulter für Langgegartes oder Gulasch gut verwenden.

4 | MISE EN PLACE Hirsch kann man sehr gut in Medaillons schneiden und mit einer Kruste aus Pistazien oder Steinpilzen oder Kräutern gratinieren. Für die Kruste mischt man ein Drittel Butter mit zwei Dritteln Semmelbrösel und zehn Prozent Aromaten – das können Kräuter wie Rucola, Schnittlauch oder Schnittknoblauch sein, aber auch Tomaten, Nüsse oder Zwiebeln. Die Masse streicht man auf das gebratene Fleisch und gratiniert es bei Oberhitze (180–200 °C), je nach Dicke der Kruste, 1–4 Minuten.

Etwas ganz Besonderes ist Wildsalami. Dafür schmort man die Stelze, dann wird sie in Stücke geschnitten und in einen Press-Sack gefüllt. Auf diese Weise geliert sie leicht und man kann sie fein als Carpaccio schneiden. Weil das eine gschmorte Vorspeise ist, braucht sie noch eine frische oder saftigte Ergänzung wie Gemüse oder Salat.

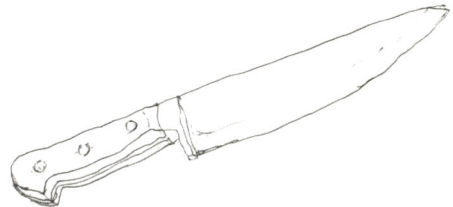

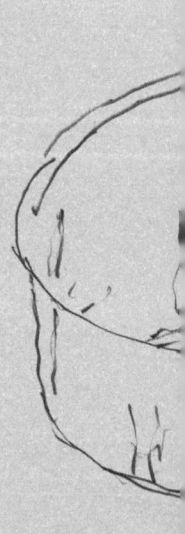

Begleiter

Eis / Sorbet
Käse
Kastanien
Knödel
Nudelteig
Pilze
Polenta
Reis
Schokolade
Topfen

Eis / Sorbet

1 | GESCHMACK UND SEINE UMGEBUNG Die Basis für mein Eis sind in der Regel ein oder mehrere Milchprodukte, also Milch, Sauerrahm, Milchpulver oder Sahne, die ich erhitzt über einem Wasserbad mit Eigelb vermenge. Die Geschmacksrichtungen und Kombinationen sind unendlich und beschränken sich keineswegs auf den Dessertbereich. Senfeis in Kombination mit einer würzigen Sulz ergibt eine herrliche sommerliche Vorspeise. Für die Produktion braucht man aber auf jeden Fall eine Eismaschine.

Auch aus Sorbet lässt sich in unterschiedlichsten Geschmacksrichtungen (ob mit Basilikum, Zander, Peperoni oder Himbeeren) ein wunderbarer, dezenter Kontrast zu warmen Gerichten mit starken Aromen zaubern

3 | ZUBEREITEN Wer nicht nur gerne und oft Eis isst, sondern es selbst herstellen will, für den lohnt sich die Anschaffung einer Eismaschine. Zwar steht in den meisten Eisrezepten, dass man die Eismasse auch unter gelegentlichem Umrühren im Tiefkühlschrank gefrieren lassen kann, doch das Ergebnis wird niemals ein richtig cremiges Eis sein. Ohne Eismaschine lässt sich nur ein Parfait – ein Halbgefrorenes – herstellen. Beim Eismachen spielt die Qualität der Ausgangsprodukte eine sehr wichtige Rolle. Deshalb: immer frische Aromen verwenden, keine Konzentrate, und alles ganz naturell belassen. Relativ aufwendig ist ein Rosmarineis, etwas weniger Arbeit, aber gleich viel Freude, macht hingegen ein Topfeneis.

Für Sorbet füge ich den jeweiligen Zutaten (die Basis ist immer Wasser) noch etwas Glukose bei, die man in der Apotheke bekommt. Den Geschmack erzeuge ich aus Fruchtmark.

4 | MISE EN PLACE Zumeist richte ich Eis als Nocke an, ob auf einem Fruchtspiegel, mit Früchten oder zu einem halbflüssigen Kuchen. Die Begleiter ermöglichen der Optik viele originelle Erscheinungsformen.

1 | GESCHMACK UND SEINE UMGEBUNG Käse ist das reine Extrakt meiner heimatlichen Bergluft. Egal ob Kuh, Schaf oder Ziege, sie alle verbringen ihre Sommer auf den Almen und sie alle liefern einen einmaligen, wunderbaren Geschmack, der im Aroma natürlich total unterschiedlich ist. Die Intensität des Geschmacks ist nicht nur von der Käsesorte, sondern auch von seinem Reifegrad abhängig. Wie bei allen Produkten sollte man auch Käse den Jahreszeiten anpassen: Ziegenkäse mit seinen grünen Aromen harmoniert mit Frühlingsgerichten, Frischkäse wie Ricotta passt zu Sommeraromen, also Tomaten, Kräutern, Gemüse, und Alpkäse begleitet Winteraromen sehr schön.

Eine Tiroler und Südtiroler Besonderheit ist der Graukäse, der aus Magermilch gemacht und nach dem Beifügen der Bakterien, also als Topfen, nochmals gerieben wird. Das ergibt den sogenannten Bruch und dieser wird vergoren. Seine Merkmale sind die Fettarmut, ein sehr rassiger Geschmack und Geruch und die Grobkörnigkeit. Graukäse passt sehr gut zu Omeletten, Ravioli und Kartoffeln. Auch Birnen, beispielsweise in Kloatzennnudeln, ergänzt er gut. Aufpassen beim Salzen, der Käse ist schon von sich aus gesalzen.

2 | EINKAUFEN UND LAGERN Beim Käsekauf sollten Sie sich Neugier und Experimentierfreudigkeit aneignen oder diese ausbauen. Es gibt so viele spannende Sorten und Arten, jede Nation hat ihre Favoriten, und ich finde es sehr schade, dass sich so viele Menschen von kleinen Weichkäsen verführen lassen, obwohl doch mancher rassige Alp-Schnittkäse so ein aromatisches Feuerwerk beinhaltet.
Den besten Geschmack entwickelt Käse, wenn er bei der richtigen Temperatur gelagert wird, also bei Zimmertemperatur. Wenn man ihn dennoch im Kühlschrank aufbewahrt, sollte man ihn vor der Verwendung bzw. dem Verzehr auf jeden Fall auf Zimmertemperatur bringen.

3 | ZUBEREITEN Für mich passt Alpkäse aus Kuhmilch sehr gut zu Kräuterspeisen wie Ravioli mit Topfen und Kräutern. Fetten Käse verwende ich eher zum Überbacken oder Gratinieren. Ziegenkäse passt sehr gut zu Kitz und fruchtigen Kombinationen wie getrockneten Apfelspalten. Schafkäse nehme ich natürlich zum Gratinieren von Lamm. Blauschimmelkäse und Edelsüßweine beinhalten beide Edelfäulepilz, weshalb sie gut harmonieren. Aber auch Schokolade passt gut zu Schimmelkäse.

4 | MISE EN PLACE Allgemein serviert man Käse vor dem Dessert, so schmeckt das Dessert besser, und Käse ist auch ein würdiger Begleiter, um mit Rotwein das Finale einzuleiten.

1 | GESCHMACK UND SEINE UMGEBUNG Man unterscheidet die Edelkastanie und die Maroni, auch wenn man landläufig glaubt, dass die Begriffe Synonyme sind. Die Maroni ist bauchiger, mehliger und damit süßer. Die Edelkastanie ist kleiner, weniger süß, gibt aber viel mehr Ernte ab. Maroni sind vor 200 Jahren ausgestorben und wurden erst in den vergangenen Jahrzehnten wiederbelebt. Bei uns sagt man auch Lahner zu den Maroni, weil sie aus Lahn über Tisens ins Eisacktal gelangt sind. Heute werden sie eben dort und in der Gegend von Meran, Prissian und Tisens angebaut.

Durch ihre Erdigkeit verkörpern Kastanien nicht nur in Südtirol den Herbst. In freier Natur sind sie eine Delikatesse für das Wild, aber auch in der Küche bilden sie herrliche Partner. Sehr gut passen sie zu Birnen, Pilzen, Quitten, Feigen oder Schokolade. Ein Höhepunkt unseres Südtiroler Brauchtumsjahrs ist das Törggelen, bei dem traditionell junger Wein und als Begleitung geröstete Kastanien serviert werden.

2 | EINKAUFEN UND LAGERN Auch wenn Kastanien recht kurzlebige Früchte sind, die nach der Ernte schnell verarbeitet werden sollten, weil sie sonst austrocknen oder von Würmern befallen werden, geben Sie ihnen nach der Ernte ein paar Tage Zeit zum Trocknen, damit sich ihre Stärke in Zucker verwandelt und ein intensiver Geschmack entstehen kann.

Nach der Ernte können Sie sofort mithilfe eines Wasserbades überprüfen, welche Früchte in Ordnung sind. Die Kastanien, die schwimmen, können Sie entsorgen, die abgesunkenen sind in Ordnung.

3 | ZUBEREITEN Wie man Maroni bearbeitet, hängt von der Verwendung ab. Will man sie braten, ritzt man vorher die Schale kreuzweise ein, damit sie platzen und wickelt sie eine zeitlang in ein feuchtes Tuch, so lassen sie sich leicht schälen. Anschließend brät man sie eine Stunde oder auch länger.

Für eine Verarbeitung zu Mousse kocht man sie in Wasser, ohne sie einzuritzen, halbiert sie mit einem Sägemesser auf, löffelt das Fruchtfleisch aus und passiert es durch ein Haarsieb. Mit diesem kann man Brot (Hefeteig mit Weizenmehl, leichte Süße), Reis, Crèmes, Suppe, Nudelteig oder Füllen machen. In passiertem Zustand kann man Kastanien sehr gut in kleineren Mengen für drei bis vier Monate einfrieren.

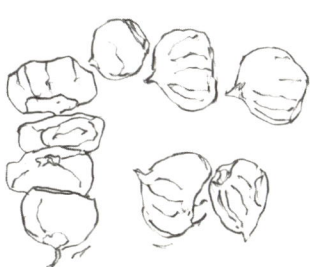

Knödel

1 | GESCHMACK UND SEINE UMGEBUNG Knödel repräsentieren wie kein anderes Gericht die alpine bäuerliche Küche, aber genau deshalb müssen sie neu interpretiert werden. Natürlich gibt es Knödel aus den unterschiedlichsten Teigen wie Topfen (siehe Topfenkapitel) oder Kartoffeln, die ich am liebsten mit Innereien wie Beuschel serviere. Grießknödel sind ein traditioneller Bestandteil unserer süßen Küche. Ich wälze sie meistens in Zimt-Zucker und kombiniere sie mit Quitte oder karamellisierten Apfelscheiben. In unserer Küche versteht man unter Knödel aber vor allem den Semmel-, also Weißbrotknödel, der meist mit Speck, Pilzen, Kraut oder Käse kombiniert wird. Gewürzt wird traditionell mit Petersilie, Salz und Pfeffer.

3 | ZUBEREITEN Ich habe diese Zubereitung ein bisschen aus ihrer Verankerung gelockt, indem ich ein Knödelsoufflé in Filoteig zubereite. Eine andere Variante ist, Serviettenknödel gemeinsam mit ein bisschen Bauchspeck in dünne Scheiben geschnitten als Salat anzurichten. Auch meine Kaspressknödel habe ich etwas verfeinert: Ich forme sie wie ein Fleischpflanzerl, backe sie in Butter heraus und erst dann koche ich sie.

4 | MISE EN PLACE Um einen guten Speckknödel zu bekommen, ist es ganz wichtig, das Knödelbrot selbst zu erzeugen, so hat man die für die Bindung notwendige Feuchtigkeit gleich im Brot, weil das verwendete Brot gleich alt ist. Beim gekauften Knödelbrot ist stets ein Teil in Form von Bröseln im Sack, die sich im Teig wie Mehl verhalten. Außerdem besteht es meist aus verschieden altem Brot, das eine unterschiedliche Feuchte hat.

Speck schneiden, geröstete Zwiebeln und Ei zum Knödelbrot geben und leicht vermengen. Nicht zerdrücken, sonst bekommt man eine matschige Masse. Diese Art der Zubereitung hat den Vorteil, dass der Knödel, sobald er kocht, seine Struktur hat, das heißt, ich kann Brot und Speck am Gaumen deutlich wahrnehmen, andernfalls schmeckt man nur Brei.

1 | GESCHMACK UND SEINE UMGEBUNG Nudelteig ist ein Fixstarter in meiner regional verwurzelten Küche. Er eignet sich durch vielfältige Zubereitungsmöglichkeiten zur Herstellung von sehr verschiedenen Geschmäckern. Man kann Nudelteig mit Zitrone, aus Dinkelmehl, Buchweizenmehl, Roggenmehl oder Schwarzplenten (Buchweizensterz), die aus unserer Kultur kommen, herstellen und für alle Gänge und Aromen verwenden, ob herzhaft, fein, rustikal oder süß.

2 | EINKAUFEN UND LAGERN Für meinen Nudelteig vermenge ich Weizen- und Hartweizenmehl gut miteinander, da er so einen schönen Biss bekommt und geschmeidiger wird. Erst dann Eier, Salz, Öl und eventuell etwas Wasser zugeben. Alles gut zu einem Teig verarbeiten und ruhen lassen. Aus christlicher Traditionspflege („Herr, segne den Teig.") schneiden wir ein Kreuz ein. Die Ruhezeit ist wichtig, damit sich Mehl und Wasser bzw. Flüssigkeit optimal verbinden. Denn nur, wenn das Mehl die Flüssigkeit vollständig aufgenommen hat, wird der Teig geschmeidig und reißt nicht bzw. wird nicht bröckelig. Beim Ausrollen und Formen sollte man

mit dem Einsatz von Mehl sparsam sein, da es die Aromen ver-
deckt. Sollten Sie mit einer Nudelmaschine arbeiten, den Teig
nicht zu oft austreiben, weil er sonst seine Bindung verliert. Wichtig ist auch, dass die Fülle beim Verarbeiten bereits ausgekühlt ist,
da der Teig sonst bricht.

3 | ZUBEREITEN Ich arbeite auch deshalb sehr gerne mit Nudelteig,
weil seine Möglichkeiten der Farb- und Geschmacksnuancen fast
unendlich scheinen. So kann man ihn mit Ei oder mit Schokolade,
Rohnen, Lauchpaste, Kloatzenmehl oder vegetarischer Asche
(aus der Apotheke) färben.
Für süßen Nudelteig verrühre ich Eier, Vanille, etwas abgeriebene
Zitronenschale, eine Prise Salz sowie Zucker und gebe alles zum
vermischten Mehl. So lange kneten, bis ein geschmeidiger Teig
entsteht; bei Bedarf etwas Wasser zufügen. Man muss Nudeln
nicht immer in Wasser kochen bzw. ziehen lassen, man kann
diesen Teig beispielswiese auch gut frittieren.

4 | MISE EN PLACE Ein Variationswunder ist der Teig auch in seiner Präsentation. Ob als Pasta, als Suppeneinlage oder als Dessertverpackung: Egal, ob man klassische Ravioli- bzw. Tortelloni, Cannelloni, regionale Teig-Taschen formt oder den Teig nur als Nudelblätter ausrollt: Die Verarbeitung und der Geschmack variieren kaum, man kann aber fantasievolle Teller anrichten, die sich ideal an die Begleiter anpassen. Je nach Füllung entscheidet sich auch die Sauce: Bei einer leichten Gemüsefüllung brauchen Nudeln wenig Beigabe, wie Tomate oder Käse. Fleisch- oder Kartoffelfüllungen brauchen einen kräftigeren Begleiter.

Eine Besonderheit sind Kartoffelravioli, die ich in ihrer Kohlenhydrat-mit-Kohlenhydrat-Kombination durch Trüffel aufpeppe.

1 | GESCHMACK UND SEINE UMGEBUNG In meiner alpin-mediterranen Küche verkoche ich in Pilzvariationen hauptsächlich Pfifferlinge, Steinpilze, Kaiserlinge, Hallimasch- und Austernpilze. Das vornehmlich moosige, fast erdige Aroma macht Pilze meist zu einem sehr hervorstechenden, edlen Bestandteil eines Gerichts, weshalb sie besser nur mit geschmacksmilden Partnern wie Pasta, Knödeln, Kartoffeln oder Panier verbunden werden. Sie passen sehr gut zu vielen Fleischspeisen, vor allem aber zu Wild und all seinen Begleitern. Zum Unterstreichen des grasigen Geschmacks eignen sich Kräuter wie Petersilie, Kerbel und Knoblauchöl, eine feine Note bekommt man mit etwas Nussaroma. Sehr gut ergänzt ein gut gereifter Kuhkäse oder ein Castelmagno ein Pilzgericht.

2 | EINKAUFEN UND LAGERN Beim Einkauf oder beim Sammeln von Steinpilzen, Pfifferlingen, Herrennagelen oder Morcheln ist darauf zu achten, dass sie nicht weich sind, keine braunen Ränder und eine möglichst glatte Kappe haben. Wenn die Steinpilze beim Händler schon geteilt angeboten werden, hat das den Vorteil, dass man einen eventuellen Wurmbefall sofort sieht. Am besten kauft man kleine Pilze, da beim Putzen weniger Abfall anfällt. Die Pfifferlinge sollten fest sein und keine braunen Verfärbungen haben.

Pilze sollten nach dem „Ernten" möglichst schnell verarbeitet werden. Man kann sie wunderbar für den Winter konservieren, indem man sie in der gewünschten Schnittart einfriert. So hat man auch kleine Mengen für eine Verfeinerung rasch und spontan zur Verfügung. Natürlich kann man sie auch mithilfe des Dörrapparats bzw. im Backofen trocknen oder man konserviert sie eingelegt. Sind die Pilze frisch, muss man nur ein wenig vom Stiel abschneiden und mit einem feuchten Tuch oder Pinsel den Sand und die Tannennadeln abwischen. Pilze sollten nie mit Wasser gewaschen werden, da es in den Pilz eindringt und ihn weich und schwammig macht.

3 | ZUBEREITEN Pilze müssen zwar gut, mit Geduld und Sorgfalt geputzt und hergerichtet werden, sind aber in der weiteren Zubereitung nicht sehr aufwendig. In Olivenöl bei mäßiger Hitze (nicht zu scharf!) angebraten oder sautiert, lassen sie sich leicht kombinieren. Je länger sie gegart werden, desto besser verdaulich sind sie zwar, desto deutlicher verlieren sie aber auch an Geschmack.

4 | MISE EN PLACE Wer meine Küche kennt, wird wenig überrascht sein, dass ich für eine besondere Geschmackstiefe sautierte und rohe, sehr fein geschnittene Pilze mische. Wenn ich einige Scheiben Speck, etwas Pilz-Carpaccio und ein paar Friséeblätter mit einer leichten Vinaigrette und gehackten Nüssen garniere, bekomme ich mit wenig Aufwand eine hübsche Weinbegleitung.

1 | GESCHMACK UND SEINE UMGEBUNG Polenta ist ein dezenter Partner, der allerdings durch das Toastaroma stärker hervortritt.

Natürlich variiert der Geschmack auch nach der Polentasorte. Interessant ist Polenta aber vor allem durch die Möglichkeit, sie in sehr unterschiedlicher Konsistenz zuzubereiten, ob als Brei, fest geschnitten, gebraten oder als Nocken.

Durch ihre Sandigkeit ist Polenta auch ein überraschender Bestandteil in diversen Teigen. Ich füge feines Polentamehl zum Beispiel Krapfen- oder Nudelteig bei, um den Teig etwas krokant zu machen, außerdem wird der Teig so weniger fett. Die fettabstoßende Wirkung von rohem Polentamehl nutze ich auch zum Panieren von Garnelen, diese Knackigkeit ist meine Antwort für die Chipsgeneration. Herrlich sind Gemüsepolenta aus Wurzelgemüse oder Steinpilzpolenta, gut passen auch Blauschimmelkäse und Trüffel.

3 | ZUBEREITEN Bei der Polenta-Zubereitung scheiden sich die Geister. Im Grunde ist es keine große Kunst, man braucht lediglich etwas Geduld und Aufmerksamkeit. Das Polentamehl wird langsam mit einem Schneebesen in das kochende Wasser bzw. in Gemüsebrühe eingerührt. Unter ständigem Rühren – dafür verwendet man nach dem Dickerwerden besser einen Kochlöffel – muss der Brei so lange kochen, bis die gewünschte Konsistenz erreicht ist. Traditionell sagt man, dass man ein bis zwei Stunden braucht, zu meiner alpinen Küche passt die Polenta etwas kerniger. Die Kochzeit hängt auch von der Feinheit der Körner ab und ob man weiße (ohne Schale) oder gröbere gelbe Polenta verwendet. Am besten schmeckt Polenta aus dem Kupferkessel, wie sie früher über offenem Feuer auf dem Feld zubereitet wurde.

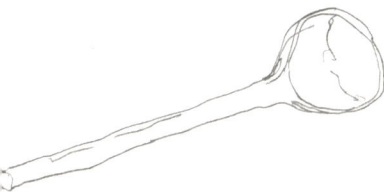

4 | MISE EN PLACE Meine etwas raffinierte Neuinterpretation von Polenta sind Polentanocken. Dafür fülle ich die Polenta nach dem Stocken noch heiß in einen Spritzsack und dressiere einige Stränge auf eine Platte. Nach dem Erkalten schneide ich diese in gleich große Stücke und lasse sie in siedendem Salzwasser fertig ziehen.

Polenta kann man leicht in drei Farben produzieren: Weiße Polenta kann man mit Lauchpaste auch grün färben, gelbe Polenta ist ungemahlener Mais. So bekommt man drei verschiedenfarbige Nocken, die man einfach mit sautierten Pilzen und etwas Alpkäse oder gereiftem Kuhkäse anrichtet.

Eine andere Variante ist, die Polenta in zwei verschiedenen Konsistenzen auf den Teller zu bringen, also beispielsweise eine etwas flüssigere Polenta mit einer festeren Polenta, aus der man eine Nocke formen kann.

Reis

1 | GESCHMACK UND SEINE UMGEBUNG Auch wenn sich die 120.000 Reissorten für vielfältige Variationen eignen, verwende ich in meiner alpin-mediterranen Küche vor allem Rundkornreis wie Carnaroli und Vialone Nano. Diese Sorten haben eine gute Haut, wodurch sie beim Kochen nicht sofort aufplatzen und die Stärke bei Zufuhr kleiner Flüssigkeitsmengen und beim permanenten Einkochen nur peu à peu abgeben. Dadurch bekommt der Risotto die charakteristische Cremigkeit. Das Getreide selbst ist sicherlich wegen seiner Geschmacksneutralität sehr beliebt und eignet sich auch im Risotto für eine Vielzahl von Geschmackskombinationen, sei es mit Gemüse, Fisch oder Fleisch. Gut kann man Reis auch mit verschiedenen Pasten einfärben, z. B von Lauch, Tomate, Basilikum oder Trüffel.

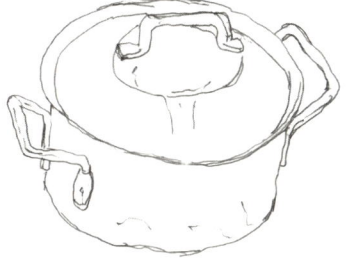

3 | ZUBEREITEN Die Risottozubereitung erfordert einen gleichmäßigen Wechsel zwischen Auf- und Einkochen. Zuerst Reis antoasten, d. h. in Öl gleichmäßig farblos anschwitzen. Dann nur mit so viel Flüssigkeit aufgießen, dass der Reis gerade bedeckt ist, und die Flüssigkeit behutsam einkochen. Ideal ist, nicht zu viel und stets die gleiche Menge an Flüssigkeit nachzugießen – zum Beispiel eine Kelle voll. Andernfalls wird das Reiskorn nicht bissfest, sondern bricht auf und wird wässrig. Die Zutaten, die dem Risotto den Namen geben – also Kräuter, Tomaten, Artischocken, Zucchini –, entweder als Creme zugeben oder in genauso große Stückchen schneiden wie die Reiskörner. Diese werden erst in den letzten drei bis vier Minuten zugefügt, damit sie zur selben Zeit wie der Risotto gar sind. Wichtig ist, eventuell schon den Reistopf von der Wärme zu nehmen und nur noch nachgaren zu lassen. Die Garprobe macht man am besten mechanisch, das heißt, entweder mit den Fingern probieren oder draufbeißen. Risotto soll so flüssig sein, dass er eine Welle macht, wenn man die Pfanne schwenkt. Das nennt man Risotto all onda. Risotto bindet man immer mit Käse (Graukäse, Alpkäse, Parmesan) und Butter ab.

4 | MISE EN PLACE Durch die vielen Geschmacksnuancen, die sich in einen Risotto zaubern lassen, kann man vielfältig variieren. Ich richte den Risotto meist im Metallring an und lege die Dekoration darauf bzw. reibe sie darüber.

Schokolade

1 | GESCHMACK UND SEINE UMGEBUNG Schokolade gehört als fixer Begleiter in jede Küche. Die Vielfalt an Zusammensetzungen und Bestandteilen lässt natürlich keine Festsetzung auf ein eindeutiges Aroma zu. Je höher der Kakaoanteil ist, desto länger braucht man, bis man den eindeutigen Schokoton in den vielen bitteren und würzigen Tönen entdeckt. Gerade aber dieses In-die-Länge-Ziehen des Effekts lässt sich durch ganz feine Schokonuancen in Form von Schokofäden oder -hobeln zum Unterstreichen von unterschiedlichen anderen Aromen nutzen. Das nussige Flair von Bitter- und Milchschokolade hebt den süßen Fruchtgeschmack von Birnen, Kirschen oder Erdbeeren hervor. Auch die Kombination von Schokolade und Schärfe wie Chili, Pfeffer oder Kardamom hat in den letzten Jahren raffinierte Produkte hervorgebracht.
In einen anderen Aromabereich gehört weiße Schokolade, die aus Kakaobutter, Milch, Vanille und Zucker besteht, weshalb ihre Geschmacksvarianten begrenzt sind. Sie passt auch zu Früchten, Kaffee, Nüssen und Mandeln.

3 | ZUBEREITEN Es gibt kaum jemanden, dem man mit Schokolade im Dessert nicht nur Freude macht, sondern sogar Glücksgefühle bereitet, egal, wie man sie verarbeitet, also als klassisches Mousse, im Palatschinken- oder Nudelteig, als cremeflüssiges Törtchen oder pure Dekoration. Auch als Würze findet sich Schokolade in der Küche. So macht sie sich gut zu süßen Wildsaucen und passt auch herrlich zu Armagnac.

4 | MISE EN PLACE Schokolade ist ein Produkt, das stark auf seine Partner abgestimmt wird und in fast allen Verfassungen anzutreffen ist. Meine Sekt-Schoko-Pralinen sind zweifellos ein arbeitsintensives Rezept, da man die Sektmasse mehrmals warm und kalt schlagen muss. Aber die Kombination bekommt einfach eine unnachahmliche Tiefe. Eine andere meiner Lieblingskombinationen ist Schokolade und Kaffee, wie das Cremetörtchen mit Kaffeesauce oder die Variation von Mokka und Schokolade.

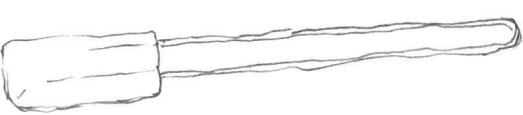

1 | GESCHMACK UND SEINE UMGEBUNG Topfen oder Quark, wie er in Deutschland heißt, wird aus Milch durch das Beifügen von Milchsäurebakterien gewonnen. Aus vier Litern Magermilch bekommt man ein Kilo Topfen. Durch seinen süßlichen Geschmack eignet er sich hervorragend als Bestandteil von Teigen (ob süß oder pikant für Knödel) oder Desserts, denen er eine saftige Frische verleiht. Da er ein sich leicht unterordnender Partner ist, passt er sehr gut als Basis für Kräuterfüllungen, ob in Omeletten, Pasta oder Blüten. Man kann ihn gut mit starken Aromen – wie Schnitt-, Bär- oder Knoblauch oder einfach Lauch solo – zu einem dominanteren Bestandteil machen. Herrlich ergänzt wird er durch Parmesan.

Bei uns in Südtirol variiert der Fettgehalt des Topfens je nach Tourismussaison: In der Hochsaison ist er etwas magerer, weil mehr Sahne gebraucht wird, in ruhigeren Zeiten bekommen wir fetthaltigeren.

2 | EINKAUFEN UND LAGERN Mit dem Topfen verwandt scheint Ricotta, der aber weit grobkörniger ist und einen leicht säuerlichen Geschmack hat. Sein Name bedeutet wiedergekocht und kommt daher, dass Ricotta quasi ein Abfallprodukt der Milchproduktion ist, wird er doch aus Molke (100 Liter Molke ergeben ein Kilo Ricotta) gewonnen.

3 | ZUBEREITEN Es ist auch nicht schwer, nach einem alten, bäuerlichen Rezept selbst Topfen zu erzeugen: Man fügt einem Liter Vollmilch einen Schuss Essig bei, kocht die Milch auf und bekommt so den sogenannten Bröseltopfen. Dieser wird beispielsweise als Schlutzkrapfenfülle verwendet.

Durch seine Konsistenz stellt Topfen eine Herausforderung in der Weiterverarbeitung dar, denn obwohl er feucht ist, ist er doch sehr fest. Dem kann man entgegenwirken, indem man ihn durch ein Haarsieb streicht, so lässt er sich leichter verarbeiten und mit anderen Zutaten vermengen. Der natürlichen Nässe von Topfen kann man durch einen kleinen Trick ein Schnippchen schlagen. Man legt ein Sieb mit einem Tuch aus, füllt die Topfenmasse ein und beschwert alles mit einem Topf. Nach drei Stunden ist die Flüssigkeit gut abgesickert und man kann den Topfen trocken verarbeiten.

4 | MISE EN PLACE Topfenknödel werden besonders locker, wenn sie nicht mit Mehl gebunden werden. Damit man auf Mehl verzichten kann, muss der Topfen allerdings sehr, sehr trocken sein. Deshalb schlägt man ihn in ein Küchentuch ein, legt ihn auf ein Gitter, das mit einem Brett oder einem schweren Topf beschwert ist, und lässt ihn über Nacht abtropfen. Mehl benötigt man nur noch, um die fertig geformten Knödel darin zu wälzen. Knödel, die so hergestellt wurden, könnten problemlos eine Stunde in köchelndem Wasser ziehen, ohne dass sie auseinanderfallen.

Auch Schmarren wird lockerer, wenn man einen Teil Mehl (10 %) durch Topfen ersetzt. Er wird auf diese Weise unglaublich flaumig und duftig – ein wunderbares Geschmackserlebnis!

ST PETER 54

Register / Glossar

Register

Glossar

Farce: → Masse aus feingehacktem, im Fleischwolf zerkleinertem Fleisch, Fisch oder Gemüse, die kräftig gewürzt und z. B. mit Eiweiß oder Sahne gebunden wird. Besonders fein wird eine Farce, wenn man sie durch ein Sieb streicht.

Julienne-Schneiden: → ursprünglich die besonders feinen, dünnen Streifen aus Gemüse, die sich als Einlage in der Julienne-Suppe (potage à la julienne) wiederfanden. Heute steht die Julienne für die gestiftelte Schnittart von Gemüse und Obst, aber auch von Trüffeln oder Fleisch.

Karfiol → Blumenkohl (siehe Seite 61)
Kloatzen → getrocknete und gekochte Birnen (siehe Seite 39f.)
Krapfen → süße Gebäckstücke aus Hefeteig, Berliner
latschig → kraftlos
Marille → Aprikose (siehe Seite 45)
Maroni → Esskastanie (siehe Seite 112)
Melanzane → Auberginen (siehe Seite 72)
Omelette → Eierspeise, Pfannkuchen
Palatschinken → Eierkuchen, Omelette
Rohnen → Rote Bete (siehe Seite 74)

Sautieren: → Zerkleinertes Gargut wird bei hoher Temperatur in einer gefetteten Pfanne geschwenkt. Man verwendet nur soviel Fleisch, Fisch, Gemüse oder Pilze, dass alles nebeneinander liegen kann und das Gargut die Hitze rasch aufnimmt. Durch das schnelle Anbraten schließen sich die Poren. Dadurch verhindert man, dass Saft austritt und dass Aroma verlorengeht.

Semmelbrösel → geriebenes Weißbrot
Staubzucker → Puderzucker
Topfen → Quark
Vogerlsalat → Feldsalat, Rapunzel

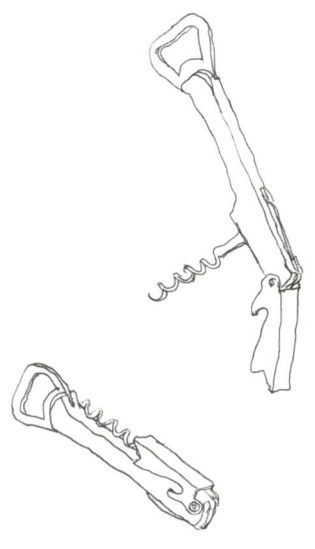

Inhalt

Herbert Hintner, geboren 1957 in Pichl/Gsies (Südtirol).
Träger eines Michelinsternes, sein Restaurant „Zur Rose" in
Eppan erhält stets Spitzenwertungen in Restaurantguides wie
„Gault Millau", „Gambero Rosso" und „Guida de L'Espresso".
Ehrenpräsident der Jeunes Restaurateurs d'Europe.
2008 „Premio Luigi Veronelli" für sein Lebenswerk.
Sein Buch *Meine Südtiroler Küche* (Folio 2008) erhielt den
„Gourmand World Cookbook Award" als „Best Mediteranean
Cuisine Book of the World".

© Folio Verlag, Wien – Bozen 2012
Alle Rechte vorbehalten

Grafische Gestaltung und Layout: no.parking, Vicenza
Druckvorbereitung: Typoplus, Frangart
Printed in Italy
ISBN 978-3-85256-612-2

www.folioverlag.com